DES

CLAUSES D'INALIÉNABILITÉ

INSÉRÉES DANS LES ACTES JURIDIQUES

EN DEHORS DES CAS PRÉVUS PAR LA LOI

THÈSE POUR LE DOCTORAT

présentée et soutenue

le Vendredi 27 Octobre 1899, à 9 heures 1/2

PAR

Henri-Léon BESNUS

PARIS

LIBRAIRIE NOUVELLE DE DROIT ET DE JURISPRUDENCE

ARTHUR ROUSSEAU

ÉDITEUR

14, rue Soufflot, et rue Toullier, 13

1899

THÈSE

POUR LE

DOCTORAT

UNIVERSITÉ DE PARIS — FACULTÉ DE DROIT

DES
CLAUSES D'INALIÉNABILITÉ
INSÉRÉES DANS LES ACTES JURIDIQUES
EN DEHORS DES CAS PRÉVUS PAR LA LOI

THÈSE POUR LE DOCTORAT

L'ACTE PUBLIC SUR LES MATIÈRES CI-APRÈS
Sera soutenu le Vendredi 27 Octobre 1899, à 9 heures 1/2

PAR

Henri-Léon BESNUS

Président : M. SALEILLES.

Suffragants { MM. Léon MICHEL
PLANIOL } *professeurs.*

PARIS
LIBRAIRIE NOUVELLE DE DROIT ET DE JURISPRUDENCE
ARTHUR ROUSSEAU
ÉDITEUR
14, rue Soufflot, et rue Toullier, 13

1899

NOTIONS GÉNÉRALES

—

Nous nous proposons d'étudier quelle est la portée que l'on peut reconnaître aux clauses d'inaliénabilité que les parties peuvent insérer dans les actes juridiques qu'elles accomplissent.

L'inaliénabilité équivaut, nous aurons l'occasion de le constater bien des fois, à une mise hors du commerce des biens qui en sont frappés. Le bien inaliénable, soit par l'application des dispositions légales, soit, à supposer qu'il y ait lieu d'en reconnaître la validité, par l'application des clauses d'inaliénabilité insérées dans les actes juridiques par la volonté des parties, échappe au droit de libre disposition qui caractérise la propriété (arg. art. 537, 544 Cod. civ.).

Le propriétaire d'un pareil bien, privé de la faculté d'en disposer, se trouve par là même privé d'un des avantages essentiels de la propriété, car il peut avoir très grand intérêt à se dépouiller d'un bien, dont il ne peut pas peut-être retirer aucun avantage pour en recevoir l'équivalent en argent. D'autre part, l'intérêt général se confond ici avec l'intérêt privé, car ce

bien dont le propriétaire, frappé par la clause d'inaliénabilité tire peut-être un très mauvais parti, pros-
pérerait au contraire entre les mains d'un tiers, si le
propriétaire actuel pouvait l'aliéner. A l'envisager
d'une façon très générale, la prohibition d'aliéner
paraît bien tomber sous l'application du principe,
souvent consacré par la jurisprudence, que toutes les
conventions ayant pour objet de porter atteinte à la
liberté du commerce ou de l'industrie doivent être
considérées comme illicites (1).

Il résulte de là, et sauf à entrer dans de plus
grands détails à propos de l'étude spéciale que nous
faisons des diverses clauses d'inaliénabilité, que la
prohibition d'aliéner n'apparait pas avec un caractère
favorable. Tout au moins apparaît-elle avec un caractère exceptionnel.

Ce caractère exceptionnel est nettement accusé par
l'étude des dispositions dans lesquelles le Code consacre et réglemente des institutions qui entraînent
avec elles l'inaliénabilité. Le Code admet, en effet,
l'inaliénabilité en deux matières qui présentent l'une
et l'autre un caractère exceptionnel ; les substitutions

(1) Voyez notamment pour ce système de la jurisprudence :
Colmar, 10 juillet 1837, S, 38, 2, 241 ; Pau, 7 août 1837, S. 38, 2
242 ; Cass., 5 janvier 1842, S. 42, 1, 231 ; Lyon, 18 nov. 1848, S.
49, 2, 78, D. 49, 2, 69 ; Cass., 6 juin 1853, S. 53, 1, 619 ; D. 53, 1,
191 ; 4 mai 1866, S. 1866, 1, 340 et suiv. — Voy. aussi Aubry et
Rau, *Cours de droit civil*, t. 2, p. 176 ; Laurent, *Principes de
droit civil*, t. 6, n° 103.

et le régime dotal, et il paraît bien dans les deux considérer l'inaliénabilité comme une exception : c'est ce qui résulte de la plupart des mesures auxquelles il les soumet. Ainsi tout d'abord la substitution n'est plus permise dans notre Droit moderne que dans des cas tout à fait rares (arg. art. 896 Cod. civ.), et lorsqu'elle est permise, le législateur, qui se résigne à accepter l'inaliénabilité à raison d'intérêts très spéciaux (voy. art. 1048 et suiv. Cod. civ.), prend du moins les précautions nécessaires pour que les intérêts des tiers ne soient pas lésés par cette inaliénabilité dont ils pourraient ne pas soupçonner l'existence. C'est ainsi notamment que l'article 1069 du Code civil dispose : « les dispositions par actes entre vifs ou testamentaires, à charge de restitution, seront à la diligence, soit du grevé, soit du tuteur nommé pour l'exécution, rendues publiques ; savoir, quant aux immeubles, par la transcription des actes sur les registres du bureau des hypothèques du lieu de la situation ; et quant aux sommes colloquées avec privilège sur des immeubles, par l'inscription sur les biens affectés au privilège. »

Il résulte bien de ce texte que le législateur considère l'inaliénabilité, même dans les cas où il l'admet, comme pouvant produire certains inconvénients économiques, puisqu'il prend toutes les mesures possibles pour porter à la connaissance des tiers l'existence de la substitution.

D'autre part, en ce qui concerne le régime dotal, le législateur le considère certainement aussi comme un régime exceptionnel, puisque dans l'article 1392 du Code civil, il dispose en termes formels que la soumission au régime dotal ne peut avoir lieu qu'en vertu d'une stipulation expresse. A raison des inconvénients d'ordre économique et juridique qu'il entraîne, la loi veut qu'il n'y ait pas de doute sur la volonté des parties d'adopter ce régime, tout doute à cet égard doit s'interpréter contre lui, en ce sens que si la volonté des parties n'est pas évidente, on décidera qu'elles n'ont pas voulu adopter le régime dotal.

Quoiqu'il en soit du point de vue sous lequel le législateur envisage et les substitutions et le régime dotal, nous n'avons point à étudier ici l'inaliénabilité qui en résulte, et les règles nombreuses auxquelles elle est soumise. Nous nous placerons, au contraire, dans les développements qui vont suivre, en dehors des cas d'inaliénabilité formellement prévus par le Code, et nous rechercherons si, en l'absence d'une disposition légale formelle autorisant l'inaliénabilité, il y a lieu d'autoriser les parties à la stipuler, à l'introduire dans les divers actes juridiques qu'elles accomplissent. L'objet de notre étude se trouve ainsi bien précisé et délimité.

Il nous reste simplement à faire remarquer que, pour l'étude des cas d'inaliénabilité en dehors des cas prévus par la loi, une distinction fondamentale s'impose entre les actes à titre gratuit et les actes à titre onéreux. Tout d'abord, en effet, tandis que l'insertion des clauses d'inaliénabilité a lieu très rarement dans les actes à titre onéreux, elle est, au contraire, très fréquente dans les actes à titre gratuit. La raison de cette différence est très facile à donner : d'une part, la volonté du donateur ou du testateur joue dans les actes à titre gratuit un rôle prépondérant. On conçoit que le donateur ou le testateur, étant libre de donner ou de ne pas donner, apporte des restrictions plus ou moins étendues au droit de propriété qu'il dépend de lui de transmettre ou de ne pas transmettre au légataire ou au donataire.

D'autre part, l'auteur d'une libéralité souvent ne s'arrête pas dans sa pensée libérale à celui qu'il gratifie en premier lieu. Cette pensée libérale peut s'étendre aux descendants du gratifié, ou bien encore à des tiers. On conçoit encore qu'à ce point de vue, le disposant soit tenté d'apporter d'importantes restrictions au droit complet d'aliéner qui résulterait normalement de la donation ou du testament.

Rien de semblable dans les contrats à titre onéreux, dans lesquels on pourrait concevoir la clause d'inaliénabilité. Dans ces contrats, la vente, par exemple, la situation des parties est égale : nous ne retrouvons plus, comme dans la donation notamment, un donateur qui veut bien consentir à se dépouiller, et un donataire toujours trop heureux d'accepter les avantages qui peuvent résulter pour lui de la donation, quelles que soient les restrictions dont ces avantages peuvent être accompagnés. Il y a en présence dans la vente deux parties qui traitent une affaire sur un pied d'égalité ordinairement parfaite. Par suite, il sera bien rare que l'acquéreur consente à accepter une restriction aussi grave que celle qui consisterait à lui interdire la faculté d'aliéner. C'est ce qui explique que la pratique, en dehors des contrats de mariage, n'offre presque pas d'exemple de l'insertion de clause d'inaliénabilité dans les actes à titre onéreux.

A un autre point encore la distinction entre les clauses d'inaliénabilité insérées dans les actes à titre gratuit et celles insérées dans les actes à titre onéreux, est importante. C'est qu'en effet, l'insertion de cette clause lorsqu'elle est reconnue illicite, à des conséquences différentes quant à la validité de l'acte suivant qu'il est à titre gratuit ou à titre onéreux.

Si l'acte est à titre gratuit, et si nous supposons que l'on soit dans une hypothèse dans laquelle on puisse considérer, suivant le système que l'on adopte (1) la prohibition d'aliéner comme illicite, il

(1) Nous verrons en effet plus loin qu'il y a tant en doctrine qu'en jurisprudence beaucoup d'hésitation et de divergences sur le point de savoir dans quels cas la clause d'inaliénabilité peut être considérée comme licite ou illicite.

y aura lieu à l'application de l'article 900 du Code civil, aux termes duquel : « dans toute disposition entre vifs ou testamentaire, les conditions impossibles, celles qui seront contraires aux lois ou aux mœurs seront réputées non écrites. »

Lors donc que l'on admettra que la prohibition d'aliéner est illicite, il en résultera, par application de l'article 900, que la nullité de la clause d'inaliénabilité entraînera la nullité de la disposition toute entière à laquelle elle est attribuée.

Nous constatons simplement ce résultat, sans entrer dans l'étude approfondie de l'article 900, qui, en elle-même, est étrangère à notre sujet. Il nous suffira de constater le résultat auquel aboutit l'application, qui n'est d'ailleurs pas douteuse, de ce texte en notre matière, et de signaler les décisions de la jurisprudence qui sont intervenues sur cette question. Les tribunaux reconnaissent comme non douteuse l'application à notre matière de la règle de l'article 900 ; c'est ainsi qu'ils ont décidé que si la défense d'aliéner est reconnue illicite, la disposition principale ne saurait être annulée sous prétexte que la clause dont il s'agit en aurait été la cause impulsive et déterminante, alors que le legs peut subsister et produire ses effets indépendamment de la clause d'inaliénabilité et que d'ailleurs le testateur lui-même a considéré la clause d'inaliénabilité comme purement accessoire. A cet

égard l'interprétation des juges du fond est souveraine (1).

Cette solution s'impose surtout dans le cas où le
testateur a légué des immeubles à une communauté
religieuse pour y établir une maison de charité à
condition que les biens légués ne pourront jamais
être aliénés. Dans ce cas, en effet, l'intention du
testateur a été avant tout d'assurer aux pauvres la
fondation d'une maison de charité et la défense d'a-
liéner ne peut être considérée que comme un moyen
d'assurer la durée de cette fondation. On ne peut la
considérer comme la cause impulsive et déterminante
de la donation (2).

Ainsi donc la clause d'inaliénabilité, considérée
comme illicite, est réputée non écrite lorsqu'elle est
adjointe à une libéralité entre vifs ou testamentaire.
Pour les actes à titre onéreux, la solution est toute
différente. L'article 1172 qui se réfère aux actes de
ce genre dispose en effet : « toute condition d'une
chose impossible, ou contraire aux bonnes mœurs,
ou prohibée par la loi est nulle et rend nulle la convention qui en dépend. »

L'adjonction d'une prohibition d'aliéner considérée comme illicite, à un acte à titre onéreux, aura
donc une portée beaucoup plus grande que si elle

(1) Cass., 20 mai 1879, S. 80, 1, 14, D. 79, 1, 431.
(2) Paris, 10 juin 1887. Journal *La Loi*, 2 décembre 1887.

était faite à un acte à titre gratuit, puisqu'aux termes de l'article 1172, elle entraîne la nullité de l'acte tout entier. Sous ce rapport donc il y a encore un très grand intérêt à distinguer l'acte à titre gratuit de l'acte à titre onéreux, au point de vue de la clause d'inaliénabilité. C'est pourquoi nous diviserons notre travail en deux titres consacrés : le premier aux actes à titre gratuit qui présentent en notre matière une importance capitale et le second aux actes à titre onéreux. Nous abordons immédiatement l'étude de la clause d'inaliénabilité dans les actes à titre gratuit.

TITRE PREMIER

—

DES CLAUSES D'INALIÉNABILITÉ DANS LES ACTES A TITRE GRATUIT

CHAPITRE PREMIER

PRINCIPE

—

Comme nous l'avons déjà fait remarquer, c'est surtout dans les donations et les testaments que se rencontrent les clauses d'inaliénabilité. La question fondamentale qui se pose donc en commençant est de
savoir si, lorsqu'elles se rencontrent dans ces actes
juridiques, de pareilles clauses peuvent être considérées comme valables.

Les auteurs et la jurisprudence s'accordent généralement à reconnaître que la condition d'inaliénabilité insérée dans un testament ou une donation doit
être considérée comme ayant un caractère illicite
conformément au principe que nous avons déjà posé
en commençant ; sans doute il n'existe aucune disposition légale qui consacre formellement cette doctrine, mais on peut faire valoir en sa faveur des arguments décisifs.

Il semble bien résulter, en effet des dispositions du
Code sur l'inaliénabilité, telles que nous les avons

rappelées plus haut (1), que la loi, dans les cas où elle autorise formellement la stipulation d'inaliénabilité, considère qu'en autorisant cette inaliénabilité, elle apporte une exception grave aux principes généraux, ne se justifiant que par des considérations supérieures d'ordre public, la faveur due au mariage par exemple (2).

D'autre part, si l'article 896 du Code civil prohibe les substitutions, c'est principalement par cette raison que les biens substitués sont placés hors du commerce, ce qui est contraire au principe d'intérêt général qui exige la libre circulation des biens. L'économie politique démontre, en effet, que cette libre circulation intéresse au plus haut degré la richesse publique : par suite toute condition qui y déroge doit être considérée comme contraire à l'ordre public, et comme tombant sous la prohibition générale de de l'article 900. En présence de cet intérêt d'ordre général, qui s'attache à l'aliénabilité, l'intérêt d'ordre privé que peut avoir le donateur ou le testateur à stipuler la clause d'inaliénabilité doit s'effacer, car ce n'est qu'un intérêt privé et dans toute société bien organisée, l'intérêt privé doit être subordonné à l'intérêt public.

A ces arguments d'une portée très générale, on

---

(1) Voyez supra, p. 3 et suiv.
(2) Laurent, t. 11, nᵒ 460.

peut ajouter cet autre plus spécial, dans le cas où la prohibition d'aliéner se trouve dans un testament. Dans la doctrine courante, en effet, qui seule à notre avis, donne à l'article 815 sa véritable portée, un testateur ne pourrait imposer à ses héritiers l'obligation de rester plus de cinq ans dans l'indivision (1), mais s'il en est ainsi, peut-on admettre que les rédacteurs du Code civil, qui limitent d'une façon si étroite la liberté du testateur au point de vue de l'indivision aient pu lui reconnaître la faculté d'interdire à ces mêmes héritiers le droit d'aliéner. Cette clause présente une bien autre gravité et une bien autre importance au point de vue économique et la prohibition dont est frappé le sursis d'indivision stipulé pour plus de cinq ans, doit à fortiori s'étendre à la clause d'inaliénabilité.

La question du caractère illicite de la clause d'inaliénabilité n'apparaît point comme douteuse lorsque le testateur ou le donateur ont imposé au bénéficiaire de la libéralité, l'inaliénabilité d'une manière absolue et indéfinie sans restriction et sans limite (2).

(1) Voyez sur cette question qui est toutefois controversée : Aubry et Rau, t. 6, p. 533 texte et note 6 ; Baudry-Lacantinerie, t. 2 n° 208.

(2) Notre ancien droit qui s'inspirait, en cette matière, d'idées toutes différentes des nôtres, et spécialement du souci de conserver autant que possible les biens dans les familles, paraît avoir pleinement admis la clause portant prohibition absolue d'aliéner. Ainsi, d'après Bosnage (des Donations, sur l'art. 431 de la Cou-

Reconnaître en effet, une validité quelconque à une clause semblable, ce serait faire revivre l'ancienne main-morte si énergiquement proscrite par le législateur révolutionnaire. Il y aurait même une aggravation, car les gens de main-morte dans notre ancien droit pouvaient aliéner sous certaines conditions, tandis que le légataire ou le donataire sous clause absolue d'inaliénabilité ne pourrait, en aucun cas, exercer le droit d'aliénation.

C'est vainement, que pour soutenir l'opinion contraire, on alléguerait que le bénéficiaire de la libéralité, faite sous cette condition, peut être un faible d'esprit ou un prodigue. La loi a organisé pour la défense des incapables des mesures de protection auxquelles on doit recourir dans tous les cas, et que l'on ne peut remplacer par des clauses directement contraires à l'ordre public.

Il est inutile d'insister plus longtemps sur cette question, car elle ne fait aucun doute ni en doctrine, ni en jurisprudence (1). Nous signalerons seulement

tume de Normandie), la jurisprudence des Parlements admettait généralement que même, après que la chose donnée était restée plusieurs générations dans la famille du donateur, les héritiers de celui qui l'avait aliénée, étaient admis à la revendiquer contre le tiers acquéreur, lorsqu'elle avait été aliénée en contravention à la défense portée dans l'acte de donation. C'était bien là reconnaître à la clause d'inaliénabilité absolue, son plein et entier effet, on ne saurait s'en étonner, étant données les tendances de notre ancien droit.

(1) Cass., 9 mars 1868, S. 68, 1, 204, D. 68. 1, 309 ; 19 mars 1877,

les principales applications qui ont été faites du principe.

La jurisprudence considère que l'on doit réputer comme non écrite, par application de l'article 900 du Code civil, la clause d'un testament contenant interdiction pour le légataire d'aliéner le bien donné, lorsque cette prohibition doit durer toute sa vie. C'est ce qui a été formellement jugé par le tribunal de la Seine (1). Il résulte de cette décision que la jurisprudence n'exige pas, pour qu'il y ait nullité, que la stipulation d'inaliénabilité soit conçue en termes généraux ne comportant aucune limitation et gênant toutes les générations futures. La disposition qui limite à la seule vie du bénéficiaire, l'effet de la clause d'inaliénabilité, est considérée comme nulle. Peut-être cette décision pourrait-elle, *a priori*, être

S. 77, 1, 203, D. 79, 1, 455; 20 mars 1879, S. 80, 1, 14, D. 79, 1, 431; Tribunal de la Seine, 9 mars 1886. — *Gaz. du Palais*, 86, 1, Suppl. 105. — V. Demolombe, S, 18, nos 292 et 293, Montpellier, 6 mai 1846, S. 46, 2. 572; Laurent, t. 11, nos 460 et 461; Aubry et Rau, t. 7, 8692, p. 296, texte et note 35; Merlin, *Rép.* Vo Héritier, Sect. VIII, no 2 bis; Toullier, t. 5, no 51; Rolland de Villargues, des *Substitutions prohibées*, nos 299 et 300; Troplong, t. 2, nos 135 et 136; Zachariæ, § 692, texte et note 9. Le droit romain avait consacré le même système, il ne considérait la prohibition d'aliéner que comme un simple conseil, *nudum præceptum*, sans aucun caractère obligatoire. Voy. notamment L. 114, § 14, Dig. de lég. 1o (30) et L. 38, § 4, Dig. de lég. 3o (32).

(1) Trib. Seine, 7 novembre 1889, dans le journal *La Loi* du 13 novembre 1889.

considérée comme trop rigoureuse : elle nous paraît
cependant logique et conforme aux raisons que nous
avons données plus haut pour établir le caractère
illicite de la condition d'inaliénabilité. En effet, l'in-
certitude qui existe sur la durée de la vie du donataire frappe le bien d'une indisponibilité complète et
le retire en fait du commerce.

De la règle que la libéralité faite dans ces conditions est nulle, le Tribunal de la Seine a déduit cette
conséquence que lorsqu'un legs contenant stipulation
d'inaliénabilité comprend des sommes déposées à la
Caisse des Dépôts et Consignations, cette Caisse est
tenue de verser ces sommes au légataire sur sa seule
quittance, et sans qu'elle soit en droit d'exiger aucune
condition de remploi (1). Le remploi aurait en effet
pour conséquence d'assurer l'effet de la clause d'inaliénabilité déclarée nulle.

Cette nullité de la clause existerait alors même que
les immeubles donnés seraient grevés de substitution : en effet, on admet couramment, en doctrine
et en jurisprudence, que le grevé de substitution est
en droit d'aliéner valablement les biens affectés de la
charge de conserver et de rendre, qui est un des
caractères essentiels de la substitution, sauf, bien
évidemment, le cas échéant, l'exercice du droit des

---

(1) Voy. en ce sens Trib. de la Seine, 15 mai 1886, *Revue du
Notariat* 1886, n⁰ 7062.

appelés. La clause portant interdiction d'aliéner aurait donc une portée plus grande que la substitution puisqu'elle frapperait d'une indisponibilité absolue des biens qui, quoique grevés de substitution, peuvent encore, sous la seule réserve des droits des appelés, être transmis ou engagés.

L'existence d'une substitution ne saurait donc, en aucun cas, valider la clause d'inaliénabilité qui s'appliquerait aux biens grevés (1).

Dès l'instant que la stipulation d'inaliénabilité est indéterminée quant à sa durée, la nullité doit, dans tous les cas, être prononcée, quelle que soit la personne du bénéficiaire ; ainsi elle serait nulle alors même que la libéralité s'adresserait à un établissement public, à un bureau de bienfaisance, par exemple (2).

La raison de décider est toujours la même en effet ; il s'agit de prévenir qu'un bien soit, en quelque sorte, retiré du commerce.

Nous appliquerions également encore les mêmes principes dans le cas où les biens frappés d'une clause d'inaliénabilité auraient fait l'objet d'une fondation.

---

(1) Caen, 12 juin 1854, D. 55, 2, 193. Dans l'espèce de cet arrêt, il a été décidé que, nonobstant la clause d'inaliénabilité, les créanciers à hypothèque légale du donataire peuvent prendre inscription sur les immeubles grevés de substitution.

(2) Lyon, 22 mars 1866, S. 66, 2, 260, D. 66, 2, 84 ; Cass., 7 juillet 1868, S. 68, 1, 435, D. 68, 1, 446.

Dans notre droit public moderne, on désigne du mot de « *fondation* » la libéralité laissée à une personne morale préexistante à la charge par elle d'accomplir un certain service, de faire dire des messes, par exemple, s'il s'agit de libéralités adressées à une fabrique. Dans un sens plus précis et plus technique, le mot « fondation » implique l'existence d'un patrimoine ou d'un bien laissé par disposition de dernière volonté en vue d'une œuvre à accomplir et devenant le fait générateur d'une personnalité morale nouvelle qui s'identifie avec cette œuvre.

La fondation entendue dans ce second sens paraît avoir été une création de l'Église catholique. Apparue au Bas-Empire, elle s'est conservée durant tout le Moyen-Age en France et elle est encore en vigueur dans certains pays de l'Europe, notamment en Allemagne.

La fondation ainsi comprise n'est point admise dans notre droit public moderne (1). La jurisprudence et la pratique ont fait néanmoins de très louables efforts pour permettre au testateur d'atteindre indirectement le but qu'il pourrait atteindre directement par la fondation, si elle était licite, et elles ont eu recours pour cela à la théorie des charges d'héré-

---

(1) Voyez sur cette question : Vauthier, *Étude sur les personnes morales*; Tissier, *Traité des dons et legs*, n⁰ˢ 72 et suivants ; Haurion, *Précis de droit administratif*, p. 145 et suivantes.

dité. Nous nous bornerons à signaler ici le procédé
le plus employé : le testateur institue un légataire
universel qu'il charge d'organiser en fait la fondation, c'est-à-dire l'œuvre qu'il désire fonder (orpheli-
nat, crèche, école, etc.), et en outre il lui impose
l'obligation d'obtenir la reconnaissance d'utilité publique pour l'établissement ainsi organisé. Une fois
cette reconnaissance d'utilité publique obtenue, l'établissement nouvellement créé jouit de la personnalité
et peut être autorisé à accepter la libéralité qui lui
est adressée (1).

Nous n'insisterons pas sur les critiques que l'on
peut adresser à ce procédé considéré comme moyen
pratique de réaliser la fondation, non plus que sur les
autres moyens qui ont été proposés pour obtenir ce
résultat.

La seule question qui nous intéresse est de savoir
dans quelle mesure l'affectation d'un bien à une fondation le frappe d'indisponibilité.

Nous écartons l'hypothèse où le testateur s'est
formellement expliqué sur le sort des biens devant
faire l'objet de la fondation (2). S'il les a frappés
d'une inaliénabilité perpétuelle, il ne nous semble

(1) Tissier, op. cit., nos 74 et suivants.
(2) Les développements qui suivent s'appliquent indistinctement
à toutes les fondations sans qu'il y ait à distinguer entre les deux
catégories que nous avons distinguées plus haut. — Voy. supra,
p. 17 bis.

pas douteux qu'ici encore la clause d'inaliénabilité
doive être déclarée nulle. S'il y avait seulement inaliénabilité temporaire, il y aurait lieu pour décider
de s'en référer aux développements que nous don-
nons plus loin (1).

Mais on peut se demander si la simple affectation
des biens donnés à un but et à un emploi déterminés
n'en entraîne pas l'indisponibilité au moins partielle,
c'est-à-dire sous forme de remploi. C'est là en effet
la solution qui nous semble s'imposer. Bien que le
testateur ne se soit pas formellement expliqué à cet
égard, il semble bien que l'interprétation rationnelle
de sa volonté conduise à considérer qu'il a entendu
que les biens donnés soient exclusivement affectés à
la fondation qu'il a eue en vue. De là une indisponibilité tacitement établie et qui doit, à notre avis, être
respectée dès l'instant que l'on admet la validité de
la fondation. Mais cette indisponibilité ne devrait
point être considéré comme absolue, et nous admettrions sans hésitation la faculté pour les bénéficiaires
ou les représentants de la fondation d'aliéner les
biens donnés, à la charge d'en remployer la valeur
en d'autres acquisitions qui concourraient, sans qu'il
puisse y avoir contestation, au but même que s'est
proposé le testateur en faisant la fondation. Les biens
donnés ne sont selon nous, qu'un moyen de réaliser

(1) Voyez infra, p. 27 et suiv.

les intentions du testateur et leur indisponibilité
n'existe que dans la mesure nécessaire pour atteindre
ce but. S'il peut être atteint dans de meilleures conditions par l'aliénation des biens donnés et le remploi du prix en provenant en d'autres biens, l'inaliénabilité adhérente à toute fondation doit disparaître
au moins temporairement puisque les biens acquis
en remploi prendront tous les caractères des biens
qu'ils remplaceront.

Cette solution découle à la fois d'une saine interprétation des volontés du testateur et de la concep-
tion même de la fondation.

D'autre part, la clause d'inaliénabilité peut ne pas
se présenter toujours sous un aspect très net : il
appartiendra aux tribunaux de décider souverainement quelle a été l'intention véritable du donateur
ou du testateur et de provoquer la nullité de toutes
les clauses qu'ils considéreront comme tendant plus
ou moins à l'inaliénabilité.

C'est ainsi que la Cour de Rennes a pu assimiler
avec raison à la défense directe d'aliéner la condition qui avait été imposée à un légataire de ne pas
détruire la maison qui lui avait été léguée pour la
rebâtir autrement, et de la laisser intacte sans y
apporter jamais aucun changement. Tout dépend en
cette matière de la souveraine appréciation des juges
du fait : toutes les fois qu'ils pourront établir que
l'intention véritable de l'auteur de la libéralité a été

d'imposer l'inaliénabilité au bénéficiaire, ils seront
en droit de prononcer la nullité. A notre avis toutefois, il y aurait lieu d'interpréter les libéralités dans
un sens plutôt favorable à ce qu'elles produisent un
effet. C'est en se plaçant à ce point de vue, que
l'arrêt précité de la Cour de Rennes ne nous paraît
point échapper à la critique : en effet, l'interdiction
faite au légataire de n'apporter aucun changement à
la maison pouvait très bien s'entendre de changements
exclusivement matériels, dès lors la clause entendue
en ce sens ne faisait aucun obstacle au droit d'aliénation du testateur, et en se plaçant à ce point de vue,
la disposition pouvait très bien être considérée
comme valable. La Cour de Rennes a préféré entendre
la disposition dans un sens plus restrictif, c'est-à-
dire comme interdisant au légataire le droit d'apporter
aucun changement soit juridique, soit matériel dans
la situation de la chose. Cette interprétation rigoureuse des intentions du testateur pouvait sans doute
se soutenir d'après les circonstances spéciales à
l'affaire, elle nous paraît néanmoins ne devoir pas
être suivie sans réserves (1). Jusqu'ici nous n'avons
examiné que la prohibition absolue d'aliéner, et nous
sommes arrivés à cette conclusion que cette prohibition constitue une condition illicite tombant sous
l'application de l'article 900 : c'est la solution unani-

_____

(1) Voy. Demolombe, t. 18, no 293 bis.

mement consacrée par la doctrine et la jurisprudence.

Faut-il reconnaitre le même caractère illicite à la
prohibition temporaire d'aliéner. A notre avis, les
raisons que nous avons données pour établir le caractère illicite de la clause d'inaliénabilité conservent
dans tous les cas leur valeur, sans qu'il y ait à distinguer, si l'inaliénabilité est temporaire, ou si au
contraire elle doit durer indéfiniment. Dans une
hypothèse comme dans l'autre, l'inaliénabilité apparaît comme contraire à l'intérêt d'ordre public qui
s'attache à la circulation des biens dans nos sociétés
modernes, la clause qui l'établit doit donc, dans tous
les cas, être frappée de nulllité. C'est en ce sens que
la jurisprudence paraît s'être prononcée à l'origine

Ainsi des arrêts déjà anciens avaient décidé que la
la clause par laquelle le testateur a défendu à ses
légataires de vendre les biens de la succession, jusqu'à ce qu'ils aient tous atteint leur majorité doit être
réputée non écrite par l'application de l'article 900 (1),
et encore que la prohibition imposée au légataire
d'aliéner avant d'avoir atteint l'âge de trente ans doit
être considérée comme nulle (2).

Sous l'influence de la doctrine des auteurs qui se
sont au contraire prononcés en faveur de la validité

(1) Voy. Paris, 11 mars 1836, S. 36, 2, 360, P. 36, 2, 459.
(2) Douai, 29 décembre 1847, S. 48, 2, 462, D. 48, 2, 68.

de la clause d'inaliénabilité temporaire (1), la jurisprudence a évolué et elle a aujourd'hui une tendance
très marquée à admettre la validité des clauses ne
portant qu'une prohibition temporaire d'aliéner (2).
L'exposé du système qui tend à prévaloir en notre
matière est d'ailleurs assez délicat, l'énoncé général
que l'on en peut donner est le suivant : la prohibition
temporaire d'aliéner est licite, lorsqu'elle a pour but
de garantir un intérêt légitime soit de l'auteur de la
libéralité lui-même, soit du bénéficiaire de cette libéralité, soit même d'un tiers. Il y a donc là trois hypothèses bien distinctes à envisager : celles où la
prohibition existe dans l'intérêt de l'auteur de la
libéralité, dans l'intérêt du bénéficiaire ou dans
l'intérêt d'un tiers. Nous les étudierons successive-
ment en détail.

(1) Demolombe, t. 18, n° 294; Merlin, Rép. V° Héritiers, sect.
VII, n° 2 bis ; Larombière, *Traité des obligations*, t. 1, sur l'art.
1133 C. civ., n° 23 ; Aubry et Rau, t. 7, § 692 texte et note 36. —
Voyez toutefois en sens contraire : Laurent, t. 11, n°s 460 et suiv. ;
Troplong, t. 2, n° 271.
(2) Voyez en sens contraire un jugement récent du Tribunal de
la Seine 30 mai 1883, *Revue du Notariat*, 1883, n° 6867.

CHAPITRE II

EXCEPTIONS AU PRINCIPE

—

SECTION PREMIÈRE

DE LA CLAUSE D'INALIÉNABILITÉ TEMPORAIRE EN FAVEUR
DU DISPOSANT.

Pour que la condition d'inaliénabilité temporaire
insérée dans la libéralité, en faveur du disposant soit
considérée comme licite, il est indispensable que
l'intérêt du disposant soit un intérêt matériel.

Un simple intérêt moral, tel par exemple que le
désir du donateur entre vifs de ne pas voir, sa vie
durant, les biens donnés passer en d'autres mains que
celles du donataire, serait insuffisant pour faire considérer la condition comme licite. Cette distinction
est à la fois rationnelle et pratique. Elle est rationnelle car l'intérêt moral qui peut s'attacher dans l'esprit du donateur à la prohibition d'aliéner procédera
souvent d'idées qui n'auront point une valeur suffi-

sante pour justifier une dérogation à une règle d'ordre public. Elle est pratique, car l'appréciation de
l'intérêt moral sera le plus souvent délicate, souvent
même l'existence de cet intérêt échappera aux juges.
Il serait dangereux en tous cas de leur laisser à cet
égard un trop large pouvoir d'appréciation. La nécessité d'un intérêt matériel ramène à des faits plus
précis et ne permet pas aussi facilement aux juges de
s'égarer.

La détermination de l'intérêt matériel opposé à
l'intérêt moral sera le plus souvent facile à faire.
Ainsi, de très nombreux arrêts ont vu un intérêt
matériel, validant comme tel la prohibition temporaire d'aliéner, lorsque cette prohibition avait eu
pour but d'assurer l'exercice du droit de retour légal
qui peut éventuellement appartenir à un ascendant
donateur (art. 747 Code civ.) (1). L'ascendant a très
évidemment, dans l'espèce, un intérêt matériel à re-
couvrer les biens donnés, et le *criterium* de la distinction entre l'intérêt moral et l'intérêt matériel
s'applique ici sans difficulté.

A plus forte raison, admettrons-nous la validité
de la condition de ne pas aliéner, si cette prohibition avait pour objet de sauvegarder le droit
de retour conventionnel que le donateur s'est ré-

(1) Angers, 29 juin 1842, S. 42, 2, 400, D. 54, 5, 218 ; Bourges,
14 décembre 1852, S. 53, 2, 468, D. 54, 5, 257 ; Cass., 20 avril
1858, S. 58, 1, 589, D. 58, 1, 154.

servé sur les biens donnés (art. 951 et 952 Code civ.) (1).

La jurisprudence regarde généralement aussi comme licite la condition de ne pas aliéner, que le disposant a imposé au donataire dans le but de garantir un droit d'usufruit qu'il se serait réservé à lui-même sur la chose donnée. La doctrine et la jurisprudence toutefois, sont moins unanimes pour reconnaître dans cette hypothèse l'existence d'un intérêt matériel de nature à valider la condition. Il est certain, en effet, que cet intérêt matériel n'apparaît pas très clairement : qu'il y ait ou qu'il n'y ait pas aliénation, le droit d'usufruit subsistera toujours sur la chose donnée, et il est par suite assez difficile de soutenir que l'usufruitier donateur a un intérêt matériel appréciable à ce que la chose donnée sous réserve d'usufruit ne soit point aliénée. Il y aura là bien plutôt dans l'immense majorité des cas un intérêt moral consistant en ce que le donateur préférera n'avoir de rapport qu'avec le nu-propriétaire donataire plutôt qu'avec un tiers qu'il ne connaîtra pas et qui ne sera pas lié vis-à-vis de lui par la reconnaissance résultant de la donation. Mais y a-t-il bien vraiment là un intérêt d'ordre matériel ? N'est-ce pas plutôt un intérêt moral, ou tout au moins un intérêt matériel de si minime importance qu'il ne saurait contre-

(1) Douai, 23 juin 1851, S 51, 2, 612, D. 52, 2, 245.

balancer l'intérêt d'ordre public qui s'attache à ce que la circulation des biens soit le moins possible entravée. C'est ce que soutient Laurent, et sa doctrine a été consacrée par la Cour de Lyon (1). Cet arrêt toutefois a été cassé, et depuis la jurisprudence s'est toujours prononcée en ce sens que, dans une donation faite sous réserve d'usufruit, le donateur peut valablement stipuler que le donataire ne pourra pas aliéner les biens pendant la vie du disposant (2).

Cette solution a même été étendue à l'hypothèse où la condition d'inaliénabilité a été imposée par un ascendant à ses descendants entre lesquels il a opéré, par donation entre vifs, le partage anticipé de ses biens en s'en réservant l'usufruit (3). Il est certain que dès que l'on admet la validité de la condition dans notre matière, il y a lieu de l'appliquer à toutes les donations indistinctement, sans en excepter les donations partage, qui sont en définitive de véritables donations.

On s'est demandé si la solution donnée par la ju-

---

(1) Laurent, t. 11, nº 463 : Lyon, 12 juin 1856, 2, 456.

(2) Cassation, 20 avril 1858, S. 58, 1, 589, D. 58, 1, 154 ; Grenoble, 25 janvier 1860, S. 60, 2, 477, D. 61, 5, 104 ; Cass., 27 juillet 1863, S. 63, 1, 465, D. 64, 1, 494 ; Nancy, 24 décembre 1859, D. 72, 2, 57. — Demolombe, t. 18, nº 295.

(3) Angers, 29 juin 1842, S. 42, 2, 400, D. 46, 5, 163 ; Bourges, 14 décembre 1852, S. 53, 2, 468, D. 54, 5, 257 ; Paris, 15 avril 1858, S. 58, 2, 362, D. 59, 2, 10 ; Nancy, 24 décembre 1859, précité.

risprudence en ce qui concerne l'aliénation du bien grevé d'usufruit, ne devait pas être étendue à d'autres hypothèses qui présentent avec elle plus ou moins d'analogie, notamment aux hypothèses où le donateur qui a déclaré le bien donné inaliénable, se serait réservé sur ce bien un simple droit de passage, ou bien un droit d'usage ou d'habitation, ou enfin une rente ou une pension payable aux dépens des revenus ou des fermages de cet immeuble. L'intérêt qu'aurait ici encore le disposant serait de ne point se trouver dans l'exercice du droit qu'il se réserve en contact avec des étrangers, ce qui pourrait rendre sa situation moins facile.

Si l'on admet que le donateur sous réserve d'usufruit peut déclarer le bien donné inaliénable, cette solution devra être très évidemment admise pour le cas où il y aurait eu réserve d'un droit d'usage ou d'habitation. Nous irions même plus loin et nous admettrions qu'alors même que la stipulation d'inaliénabilité ne serait pas tenue pour valable dans la donation avec réserve d'usufruit, on pourrait au contraire en admettre la validité dans la donation faite avec réserve d'un droit d'usage ou d'habitation.

En effet, l'usager et le titulaire d'un droit d'habitation ne sont pas vis-à-vis du nu-propriétaire dans la situation indépendante de l'usufruitier. Ils ont forcément des rapports plus nombreux et à certains égards plus délicats que ceux de l'usufruitier avec le nu-propriétaire. Ainsi aux termes de l'article 630 du Code civil : « celui qui a l'usage des fruits d'un fonds ne peut en exiger qu'autant qu'il lui en faut pour ses besoins et ceux de sa famille... » De même il se peut que le titulaire d'un droit d'habitation n'ait pas le droit de jouir de la maison entière : si le nu-propriétaire habite cette maison, il y aura là des rapports journaliers qui pourront être plus difficiles avec des étrangers qu'avec le donataire. La nature spéciale des droits d'habitation et d'usage nous conduit donc à admettre qu'il peut y avoir un réel intérêt pour le donateur à stipuler l'inaliénabilité des biens dont il fait donation sous réserve de ces droits. L'intérêt n'est pas seulement moral, il est matériel, car dans l'appréciation de l'étendue de ses droits, le donataire peut être beaucoup plus large que des étrangers que ne retiendra aucun lien de reconnaissance. D'autre part, les rapports forcément fréquents entre le nu-propriétaire d'une part et l'usager ou l'habitant d'autre part peuvent amener des procès, des contestations dont l'issue défavorable pourrait léser très gravement les intérêts matériels de l'usager ou de l'habitant. La jurisprudence n'a pas eu à statuer sur cette question, ce que l'on peut aisément expliquer par cette double considération que les droits d'usage et d'habitation sont assez rarement constitués et qu'aussi l'aliénation des biens grevés de ces droits est assez difficile. Si toutefois la question se présentait, il nous semble que la validité de la condition d'inaliénabilité pourrait très bien être admise, c'est l'opinion qui est soutenue par M. Demolombe (1).

Nous déciderions au contraire sans hésiter, que la condition d'inaliénabilité devrait être considérée comme illicite s'il s'agissait de la réserve d'un simple droit de passage sur le bien donné. En pareil cas l'intérêt du disposant à ce que le bien grevé de la servitude de passage appartienne au donataire ou à un tiers est à peu près nul, car il pourra toujours passer dans les conditions déterminées par le contrat. C'est tout au plus, s'il y a pour lui un intérêt de convenance à ce que le bien donné reste entre les mains du donataire (2).

La solution devrait être la même, à notre avis, s'il s'agissait d'une rente ou d'une pension à payer sur les fermages ou revenus de l'immeuble donné. En pareil cas, la clause d'inaliénabilité doit d'autant plus être déclarée nulle qu'elle est absolument inutile pour garantir les intérêts du donateur. Conformément au droit commun (art. 953 et suivants Code civ.), le donateur pourra toujours à défaut de paiement de la rente ou de la pension agir en révocation

(1) Demolombe, t. 18, n° 296.
(2) Troplong, *Du contrat de mariage*, t. 4, n° 3659. — Contra Demolombe, op. et loc. cit., t. 11, n° 460 et suiv.

pour inexécution des charges de la donation et rentrer dans le bien donné (1).

SECTION II

DE LA CLAUSE D'INALIÉNABILITÉ TEMPORAIRE EN FAVEUR DES TIERS.

Le donateur en insérant dans la donation une clause d'inaliénabilité peut avoir en vue non son propre intérêt, mais celui d'un tiers. Ainsi pour prendre une hypothèse de nature à se présenter assez fréquemment en pratique, un époux peut en laissant à un légataire la nue-propriété de ses biens lui imposer l'obligation de ne pas les aliéner tant que vivra son conjoint survivant auquel il a laissé l'usufruit de ces mêmes biens. On pourrait supposer de même que le donateur d'un immeuble constitue sur cet immeuble un droit d'usage ou d'habitation et impose au donataire de la nue-propriété l'obligation de ne pas l'aliéner pendant toute la vie de l'usager ou du titulaire du droit d'habitation, etc.

Dans ces hypothèses, comme dans toutes autres

(1) Contra Demolombe, op. et loc. cit.

analogues qui peuvent se présenter la clause d'inaliénabilité insérée dans l'acte à titre gratuit existe
non plus dans l'intérêt du donateur lui-même, mais
d'un tiers auquel s'est étendue dans une mesure plus
ou moins large son intention libérale.

Doit-on la considérer comme valable? La raison
de douter réside principalement dans cette considération que la situation est ici moins favorable que lorsque la clause d'inaliénabilité a été stipulée par le
donateur dans son intérêt personnel. Ici le donateur
s'est dépouillé de tout droit sur le bien donné, et
l'intérêt qui s'attache pour lui au maintien de cette
clause est très vague. Ce n'est qu'exceptionnellement
qu'il y aura un intérêt matériel; pour que cet intérêt
existe, il faudrait supposer l'hypothèse bien peu pratique, et dans tous les cas exceptionnelle, qu'il a
contracté formellement l'obligation de garantie vis-à-
vis du donataire du droit d'usufruit ou d'usage. S'il
en était ainsi, l'intérêt du donateur au maintien de la
clause d'inaliénabilité apparaîtrait; il peut craindre
que l'acquéreur du droit de nue-propriété cherche à
évincer le titulaire du droit démembré de la propriété
vis-à-vis duquel il s'est obligé à garantie. Dans cette
hypothèse toute exceptionnelle, le maintien de la
clause d'inaliénabilité peut présenter éventuellement
pour lui un intérêt matériel, mais cette hypothèse est
tellement exceptionnelle que l'on peut dire qu'elle ne
se présentera jamais en pratique. En fait, l'intérêt du

donateur au maintien de la clause d'inaliénabilité
sera tout au plus un intérêt moral et dans la doctrine
que nous avons adoptée (1) l'intérêt moral ne saurait
jamais être considéré comme suffisant pour contre-
balancer l'intérêt d'ordre public qui s'attache à l'an-
nulation des clauses d'inaliénabilité.

Nonobstant ces raisons qui nous paraissent décisives, la jurisprudence et la plupart des auteurs se
prononcent pour le maintien des clauses d'inaliénabilité insérées dans les actes, à titre gratuit en faveur
des tiers (2).

C'est notamment par application de ce système,
qui nous paraît très contestable, que la Cour de cassation a décidé que l'on peut maintenir la clause par
laquelle un père, après avoir légué la quotité disponible à son enfant unique, à charge par ce dernier
de la rendre à ses enfants, déclare que si le légataire
vient à aliéner ou à hypothéquer les biens composant
sa réserve légale, il sera privé de l'usufruit des biens
substitués. Il y a là, d'après la Cour de cassation,
non une prohibition absolue d'aliéner la réserve légale, mais seulement une nécessité d'option qui ne
saurait être considérée comme illicite (3).

(1) Voy. supra, p. 10 et st.
(2) Voy. notamment en ce sens : Douai 27 avril 1864, D. 64, 2, 89,
Cass. 12 juillet 1865, D. 65, 1, 475 ; 9 mars 1868, D. 68, 1, 309 ;
Demolombe, t. 18, nº 302 ; Aubry et Rau, t. 7, § 692, p. 296, *in
fine* et 297 ; Troplong, t. 1, nº 211 ; Contra Laurent, t. 11, nº 465.
(3) Cass., 7 février 1831, S. 31, 1, 77, D. 31, 1, 79.

La question la plus délicate qui se soit présentée en notre matière, est de savoir si l'on doit considérer comme valable la clause d'inaliénabilité qui n'aurait pour objet que de garantir le service d'une rente viagère au profit d'un tiers. La Cour de Douai, dans un arrêt important du 27 avril 1864, confirmé par la Cour de cassation, a déclaré licite et valable une clause d'inaliénabilité intervenue dans une hypothèse de ce genre. Dans l'espèce, le testateur, après avoir mis à la charge du légataire le paiement d'une rente viagère au profit d'un tiers, avait fait défense à ce même légataire d'aliéner jusqu'à extinction de la rente dont il était grevé, aucun des immeubles qui lui étaient légués sous peine de perdre tout droit aux immeubles aliénés qui, en pareil cas, devaient être attribués au crédit-rentier. La Cour de Douai reconnaissant à la clause d'inaliénabilité son plein et entier effet, déclara nulle la vente consentie par le légataire au mépris de cette clause et prononça, au profit du crédit-rentier, la déchéance du légataire vendeur par rapport aux biens légués qui avaient été compris dans la vente (1).

La doctrine de cet arrêt qui, en vue de protéger un crédit-rentier, autorise un testateur à frapper d'inaliénabilité tous les biens qu'il laisse à son léga-

_____

(1) Douai, 27 avril 1864, S. 64, 2, 254, D. 64, 2, 89, et sur cassation, Cass., 12 juillet 1865, S. 65, 1, 342, D. 65, 1, 475.

taire universel, nous paraît très contestable. Dans
l'espèce de l'arrêt la solution était d'autant plus douteuse que le montant des arrérages annuels de la
rente était insignifiant, de telle sorte que l'intérêt du
tiers était à peu près nul.

En réalité, il ressortait des circonstances de la
cause que le testateur n'avait constitué la rente que
pour arriver indirectement à frapper d'inaliénabilité
les biens légués entre les mains du légataire. Il y avait
là un élément de fraude qui devait suffire à lui seul
pour faire annuler la condition d'inaliénabilité.

Mais, en faisant même abstraction de ces circonstances de fait toutes spéciales, il ne nous semble pas
qu'en aucun cas l'intérêt du crédit-rentier puisse être
considéré comme suffisant pour justifier et valider la
clause d'inaliénabilité. L'intérêt particulier ici en jeu
ne saurait prévaloir sur l'intérêt général. Cette solution s'impose d'autant plus que les intérêts du crédit-rentier peuvent être très suffisamment garantis
par d'autres moyens que l'inaliénabilité des biens
légués.

D'une part, à supposer que le crédit-rentier ne
puisse pas se prévaloir de l'hypothèque légale du
légataire établie par l'article 1017, ce qui est au
moins incertain, il n'est pas douteux que le testateur
puisse assurer très efficacement le service de la rente
au profit du crédit-rentier en accordant une hypothèque pour la sûreté de cette rente, ou encore en

chargeant les légataires d'en constituer une. — D'autre
part, à supposer que le testateur n'ait pas eu semblable précaution, les droits du crédit-rentier, nous
semblent toujours suffisamment garantis, soit par
l'article 1978 du Code civil, soit par l'article 2111
du même Code. En effet, l'article 1978 confère au crédit-rentier en cas de défaut de paiement des arrérages, le droit de saisir et faire vendre les biens de
son débiteur, et de faire ordonner ou consentir, sur
le produit de la vente l'emploi d'une somme suffisante pour le service des arrérages. L'article 2111,
dans l'opinion générale tout au moins, lui confère
un privilège sur les biens de la succession du testateur qui a constitué la rente pour garantie du paiement des arrérages.

De tous ces développements il résulte donc que les
droits du crédit rentier peuvent être largement sauvegardés soit par des moyens sûrement légaux que la loi
met à la disposition du testateur (constitution d'hypothèque), soit par l'application pure et simple des dispositions légales (art. 1978 et 2111 Code civ.). Dans ces
conditions, il nous semble inutile de reconnaître
encore au testateur le droit de recourir à la clause
d'inaliénabilité. Nous savons que cette clause est trop
dangereuse et qu'elle présente de trop grands inconvénients économiques pour qu'il soit licite d'en
admettre l'usage en dehors des cas où son emploi est
le seul moyen pour un testateur de saúvegarder les

intérêts d'un tiers. Nous déciderons donc que la
clause d'inaliénabilité, ayant pour objet de garantir le
service d'une rente viagère au profit d'un tiers doit
être déclarée nulle comme contraire à l'article 900 (1).

SECTION III

DE LA CLAUSE D'INALIÉNABILITÉ TEMPORAIRE EN FAVEUR DU GRATIFIÉ.

Si nous supposons un donateur ou un testateur
qui connaisse les habitudes de prodigalité ou de
désordre du donataire ou du légataire qu'il entend
gratifier, pourra-t-il valablement, dans l'intérêt de
celui-ci, frapper les biens dont il dispose en sa faveur
d'inaliénabilité afin de le prémunir contre ses propres
égarements et de lui assurer le maintien de la propriété des biens dont il dispose à son profit? La
controverse est très vive en doctrine sur cette question.

D'après certains auteurs la validité de la clause
d'inaliénabilité résulterait du but que le donateur ou

---

(1) Sic Laurent, t. 11, n° 465. — Contra Demolombe, t. 28,
n° 302 ; Aubry et Rau, t. 7, loc. cit.

le testateur se propose en l'insérant dans l'acte à titre gratuit qu'il accomplit. L'impossibilité dans laquelle se trouve le gratifié de dissiper les biens dont on dispose en sa faveur est essentiellement morale ; il est en outre conforme à l'intérêt général que les biens ne soient pas dissipés inutilement : la clause d'inaliénabilité est la seule qui permette d'obtenir ce résultat, elle doit donc être encouragée et en tout cas validée (1).

Cette doctrine n'est pas admise par tous les auteurs. On fait remarquer, non sans raison, que quelque soient les résultats favorables qui puissent résulter à certains égards d'une semblable clause, elle n'en tend pas moins à constituer un double emploi avec les moyens légaux que la loi a organisés en faveur des personnes prodigues ou atteintes de faiblesse d'esprit. Les dispositions de la loi qui réglementent les mesures de protection applicables à ces incapables intéressent la capacité des personnes et doivent par suite être considérées comme étant d'ordre public. Il ne peut donc dépendre des particuliers d'y suppléer et à plus forte raison de les remplacer. Par suite, lorsqu'on pourra craindre que le gratifié abuse de sa liberté pour dissiper follement les biens qui lui sont légués, on pourra recourir à la nomination d'un

(1) Voy. en faveur de cette opinion : Demolombe, t. 18, n° 303 ; Troplong, t. 1, n° 271 ; Massé et Vergé sur *Zachariæ*, t. 3, p, 180; Aubry et Rau, op. et loc. cit.

conseil judiciaire ou à l'interdiction, c'est la voie
légale. Ce serait une voie extralégale et par suite
illicite, de permettre à un testateur ou à un donateur
d'édicter par lui-même des dispositions protectrices
des incapables à côté de celles organisés par la loi.

Nous revenons ainsi toujours à cette idée, qui nous
parait fondamentale en notre matière, que la validité de la clause d'inaliénabilité ne doit être admise
dans tous les cas qu'à titre exceptionnel et qu'elle
doit toujours être déclarée nulle lorsque d'autres
moyens sont à la disposition du donateur pour atteindre plus ou moins directement le but qu'il se
propose d'obtenir en insérant dans l'acte à titre gratuit la clause d'inaliénabilité (1).

Conformément à sa tendance générale, qui est,
ainsi que nous l'avons déjà vu bien souvent, de reconnaître dans une assez large mesure la validité des
clauses d'inaliénabilité temporaire insérées dans les
actes à titre gratuit, la jurisprudence admet d'une
façon à peu près constante la validité des clauses
d'inaliénabilité stipulées dans l'intérêt du gratifié.
C'est même au sujet de cette hypothèse que les décisions les plus nombreuses sont intervenues. Ainsi,
notamment, de très nombreux arrêts ont décidé que
l'on doit considérer comme étant sûrement valable
la disposition testamentaire aux termes de laquelle il

(1) Laurent, t. 18, no 464.

est interdit à un légataire d'aliéner les biens légués avant d'avoir atteint un âge déterminé (vingt-cinq ans, trente ans, etc.) (1).

On devrait également considérer comme valable, d'après la jurisprudence, la clause d'un testament qui déclare incessible et insaisissable un droit d'usufruit, lorsque la nue-propriété, étant léguée aux enfants du légataire de l'usufruit, cette prohibition d'aliéner est d'une part temporaire, et que, d'autre part, elle a été imposée dans l'intérêt des légataires de la nue-propriété aussi bien que dans l'intérêt du légataire de l'usufruit (2).

Serait encore valable, toujours d'après la jurisprudence, la clause d'une donation ou d'un testament qui déclarerait incessibles les revenus d'un immeuble donné ou légué à une personne n'ayant pas la qualité d'héritier réservataire. Nous nous trouvons ici en présence d'une forme spéciale de l'inaliénabilité, puisque, d'après les termes mêmes de l'acte, l'inaliénabilité ne s'applique pas au bien donné luimême, mais seulement à ses revenus.

L'arrêt de Caen, qui a consacré cette solution, la justifie dans les termes suivants que nous croyons utile de reproduire afin de donner une idée nette des

(1) Cass., 11 juillet 1877, S. 77, 1, 443, D. 78, 1, 62. — Voyez cependant en sens contraire : Douai, 29 décembre 1847, S. 48, 2, 462, D. 48, 2, 68.

(2) Cass., 9 mars 1868, S. 68, 1, 204, D. 68, 1, 309.

tendances de la jurisprudence en cette matière et de la façon dont les tribunaux l'envisagent : « Attendu, dit la Cour de Caen, qu'aucune loi ne s'oppose à ce que, en léguant ses biens à son frère, le testateur envisageât séparément le fonds et les revenus et les soumit à des conditions différentes ; qu'ainsi, après avoir, en vue de l'avenir, grevé le fonds de substitution au profit des enfants, à naître du légataire, il a pu, en considération de la prodigalité de celui-ci, et, pour le protéger contre sa propre faiblesse, déclarer que les revenus seraient incessibles de sa part ; qu'une telle clause ne lèse pas les intérêts des créanciers puisqu'on peut lui appliquer sous ce rapport les raisons admises en faveur de l'insaisissabilité ; qu'elle n'a pas non plus l'inconvénient de nuire à la libre circulation d'une partie de la fortune d'un citoyen puisque l'incessibilité, sans empêcher le bon et sage emploi des revenus qui en sont frappés, s'oppose seulement à ce qu'ils soient aliénés en masse et avant d'avoir, conformément à la volonté du testateur, pourvu aux besoins du légataire ; que loin d'être contraire aux lois et aux mœurs, elle est un acte de sagesse et de prévoyance conforme à l'ordre public, auquel il importe que les citoyens ne soient pas exposés à tomber dans un dénûment complet, et dont le gouvernement lui-même a donné l'exemple en déclarant incessibles les pensions qu'il accorde à ses anciens serviteurs... »

Cet arrêt met en évidence cette idée, qui nous paraît juste, que le fait de déclarer incessibles les revenus d'un immeuble donné ou légué est un acte beaucoup moins grave que de déclarer inaliénable cet immeuble. On pourrait donc très bien admettre la clause d'incessibilité des revenus de l'immeuble donné, sans pour cela admettre la clause déclarant inaliénable cet immeuble. Les auteurs toutefois ne font pas cette distinction et admettent ou rejettent, sans réserves et restriction, la clause d'inaliénabilité intervenant au profit du donataire ou légataire (1).

D'ailleurs, dans le cas même où l'on admettrait la validité de la clause d'incessibilité des revenus que nous venons d'étudier, il y aurait toujours à tenir compte, dans son application, de la disposition de l'art. 582 du Code de procédure civile qui dispose, par corrélation avec l'art. 581 du même Code, que les sommes et objets déclarés insaisissables par le testateur ou le donateur peuvent être saisis par des créanciers postérieurs à l'acte de donation ou à l'ouverture du legs, en vertu de la permission du juge et pour la somme qu'il déterminera. Bien que ces textes ne s'occupent *in terminis* que des objets déclarés insaisissables, leur application à la clause d'incessibilité a été faite par l'arrêt précité de la Cour de Caen

---

(1) Voy. Demolombe, op. et loc. cit. ; Troplong, op. et loc. cit. ; Massé et Vergé sur *Zachariæ*, op. et loc. cit. ; Aubry et Rau, op. et loc. cit. ; Laurent, op. et loc. cit.

et cette solution nous paraît juridique à raison de la très grande analogie qui existe entre la clause d'incessibilité et la clause d'insaisissabilité (1).

Pour que le gratifié ne puisse pas aliéner, il faut que la clause qui frappe d'inaliénabilité les biens donnés soit très précise et ne laisse pas au gratifié des moyens plus ou moins directs de l'éluder. Dès l'instant que l'auteur de la libéralité s'en est remis au gratifié du soin d'apprécier s'il doit ou ne doit pas aliéner, il n'y a pas une clause d'inaliénabilité proprement dite pouvant être déclarée nulle. Ainsi, notamment, la disposition testamentaire par laquelle un testateur disposait : « que le légataire d'un immeuble ne pourra l'aliéner ou l'hypothéquer qu'en cas d'absolue nécessité et après avoir obtenu l'autorisation d'un conseil de famille », ne saurait être considérée comme constituant une clause obligatoire d'inaliénabilité. La Cour d'Amiens, appelée à l'examiner, n'y a vu qu'un simple vœu exprimé par le testateur qui ne saurait entraver le droit de disposition qui est un attribut essentiel de la propriété. Elle a validé, en conséquence, la vente amiable qu'avait consentie le légataire majeur et décidé que l'acquéreur ne saurait être fondé à refuser le paiement du prix en alléguant que les conditions imposées par le testateur pour que la vente puisse avoir lieu, n'ont pas été remplies (2).

(1) Voy. Caen, 12 juin 1854, D. 55, 2, 193.
(2) Amiens, 8 mars 1888. *Journ. du Not.*, 1888, n° 24,328.

Conformément au critérium que nous venons d'établir, et en vertu duquel il n'y a clause d'inaliénabilité qu'autant que la disposition ne laisse aucun moyen direct ou indirect au donataire pour arriver à l'aliénation du bien donné ; nous déciderons qu'il n'y aurait pas clause d'inaliénabilité pouvant comme telle, suivant les cas et les systèmes, tomber sous l'application de l'art. 900, dans la disposition suivante : un testateur a imposé au légataire l'obligation, dans le cas où il voudrait aliéner les biens légués, de proposer l'acquisition à certaines personnes désignées dans le testament, et de les préférer, à égalité d'offres, aux autres acquéreurs qui pourraient se présenter.

D'une part, en effet, une pareille clause n'altère que dans une mesure très restreinte le droit de disposition du légataire sur les biens qu'il reçoit, et d'autre part, comme on l'a fait remarquer, cette clause ne porte aucune atteinte à l'intérêt général ; elle le favorise, au contraire, puisqu'elle assure, dans une certaine mesure, les biens à des personnes qui sont connues comme les convoitant depuis longtemps, et qui, à raison de l'intérêt qu'elles portent à la possession de ces biens, en tireront probablement le meilleur parti possible (1).

_____

(1) Voy. en ce sens : Demolombe, t. 18, n° 303 bis ; Laurent, t. 11, n° 466.

Conformément à cette doctrine la Cour de Limoges a décidé que la clause d'un partage d'ascendant en vertu de laquelle il est interdit à l'un des copartageants d'aliéner les immeubles compris dans son lot sans les avoir préalablement offerts à ses copartageants, ne peut être considérée comme portant atteinte au droit de propriété du gratifié ; elle ne saurait donc, en aucun cas, avoir un caractère illicite et doit être maintenue. Cette solution s'impose d'autant plus, dit la Cour de Limoges, qu'il n'y a là qu'une obligation unilatérale à la charge du légataire de telle sorte que les autres copartageants n'ont aucun droit réel sur les biens du gratifié.

Ils ont une simple action personnelle qui, par application de l'article 1142 du Code civil, est de nature à se résoudre en dommages et intérêts en cas d'inexécution par celui qui en est tenu. Il en est ainsi dans tous les cas, même lorsque le copartageant après avoir aliéné, sans avoir offert la préférence, est redevenu propriétaire par rétrocession et se trouve en mesure d'exécuter l'obligation mise à sa charge par le testament (1).

Dans l'espèce de l'arrêt, il était constaté, comme on vient de le voir que le testateur en imposant au copartageant l'obligation d'avertir ses copartageants de son intention d'aliéner les biens qu'il avait reçus

(1) Limoges, 13 juillet, 1810. S. 41, 28, D. 41, 2, 84.

en partage n'avait entendu mettre à sa charge qu'une simple obligation personnelle. On pourrait se demander si le caractère de la clause changerait, si le donateur, plus méfiant, avait conféré aux autres copartageants un droit réel (droit d'hypothèque par exemple) sur les biens du copartageant obligé d'offrir la préférence à ses copartageants pour garantir l'exécution de cette obligation. La question ne s'est pas présentée en pratique à notre connaissance et elle n'est pas prévue par les auteurs. A notre avis, l'existence d'un droit réel sur les biens du copartageant tenu de l'obligation d'offrir la préférence n'invalide aucunement la clause et n'équivaut pas à une déclaration d'inaliénabilité.

Supposons, en effet, que l'auteur du partage ait constitué une hypothèque sur les biens du copartageant grevé pour garantie de l'obligation spéciale dont il est tenu, il n'en résultera nullement pour lui l'impossibilité d'aliéner les biens qu'il a reçus en partage. Ces biens demeurent dans le commerce, car l'hypothèque existant sur un bien ne fait nul obstacle à son aliénation. Si nous supposons donc que l'aliénation a eu lieu, ou les copartageants renonceront à se prévaloir de leur droit de préférence et il n'y aura pas de difficulté, ou bien ils s'en prévaudront et alors le tiers acquéreur inquiété par l'hypothèque dont ils sont titulaires pourra se retourner en garantie contre le vendeur. Mais, même en prenant cette hypothèse, la plus défavorable, il ne nous semble pas que l'obligation imposée au copartageant sous la sanction d'un droit réel puisse être considérée comme équivalente à une clause d'inaliénabilité proprement dite.

De même, on devrait encore considérer comme ne constituant pas une clause d'inaliénabilité, la condition qui aurait été imposée aux légataires de ne pas vendre ou échanger les biens légués si ce n'est avec leurs frères ou sœurs : « attendu, dit à ce sujet un arrêt de la Cour de Dijon, que cette clause se justifie par la légitime préoccupation du disposant pour ses héritiers naturels, des embarras que pourrait leur susciter un changement de propriétaire, que cette interdiction relative et temporaire qui n'affecte les biens légués qu'à certaines conditions et pendant la vie des légataires, n'est contraire ni à l'esprit de nos institutions, ni au principe de la libre transmission des propriétés et doit conserver ses effets... (1) »

Enfin, il ne faudrait pas interpréter comme imposant l'inaliénabilité la clause d'un testament par laquelle le testateur aurait défendu au légataire de disposer en faveur de sa femme de la propriété ou de l'usufruit des choses léguées. Dans cette hypothèse le droit de propriété du légataire reste intact à

(1) Dijon, 5 avril 1872, D. 74, 5, 130.

l'égard de tous à l'exception d'une personne déterminée, mais on ne peut considérer cette exception
comme équivalant à une clause d'inaliénabilité (1).

Nous admettrions aussi, toujours par application
du même principe, ainsi que l'a fait la cour de
Bruxelles, qu'un testateur pourrait valablement léguer
sa maison à un frère, en déclarant qu'il pourra en
disposer comme il l'entendra avec cette restriction
toutefois qu'il ne pourra en aucun cas donner la propriété de cette maison à son épouse, et qu'il ne
pourra pas même lui en laisser l'usufruit. La raison
qui nous amène à valider cette condition est
encore qu'elle ne nous paraît pas porter atteinte au
droit de libre disposition dont doit jouir le légataire
puisqu'il reste libre de disposer au profit de toutes
les personnes qu'il lui plaira à l'exception d'une
seule.

Nous n'invoquerons donc pas en faveur de cette
solution, les arguments invoqués par la Cour de
Bruxelles qui, pour justifier son arrêt, a invoqué principalement l'article 1401, alinéa 1, du Code civil,
qui permet au donateur de stipuler que le mobilier
donné n'entrera pas en communauté. Cet article est
étranger à la question, car il est bien évident que le
donateur, dans l'hypothèse de l'article 1401, n'en-

(1) Bruxelles, 20 décembre 1817, Demolombe, t. 18, n° 303 bis. —
Voy. toutefois en sens contraire Laurent, t. 11, n° 464.

trave en aucune façon le droit de disposition du donataire. Il indique simplement qu'il entend gratifier l'époux et non la communauté ce qui est parfaitement légitime, étant donnée la liberté dont jouit ordinairement un donateur. L'article 1401 § 1ᵉʳ n'est donc pas applicable à la libéralité qui contiendrait une défense d'aliéner. La même remarque peut être faite sur l'article 1405 du Code civil également invoqué par la Cour de Bruxelles. En effet ce texte qui dispose que le donateur d'un immeuble a le droit de déclarer qu'il restera propre à l'époux donataire ou qu'il tombera en communauté ne contient rien qui puisse justifier la prohibition d'aliéner (1).

(1) Voy. Bruxelles, 20 octobre 1817; Dalloz, Rép. Vᵒ Dispositions, nᵒ 180, 2ᵒ. — Contra Laurent, t. 11, nᵒ 466.

CHAPITRE III

PORTÉE JURIDIQUE DE LA PROHIBITION D'ALIÉNER

—

Dans tous les cas où la prohibition d'aliéner peut être considérée comme licite, cette prohibition doit toujours être entendue dans le sens naturel que le langage juridique attribue au mot *aliéner*, c'est-à-dire dans le sens d'un transfert de la propriété, *dominium*, du gratifié à un tiers. Par suite de la disposition testamentaire interdisant au gratifié le droit d'aliéner devait être considérée comme comprenant indistinctement dans la généralité de ses termes tous les modes d'aliénation qui existent (vente, donation, etc.). La Cour de cassation a même décidé que l'on devait considérer comme un mode d'aliénation l'institution contractuelle. Bien qu'en effet cet acte juridique ne confère aucun droit de propriété immédiat à l'institué contractuel, il n'en a pas moins pour conséquence directe, décide la Cour, de changer ou de modifier à la mort de l'instituant la dévolution naturelle de son hérédité. Il y a donc là une aliénation dans le sens juridique du mot (1).

Toutefois, si le mot aliénation doit être entendu dans son sens juridique, il y a lieu, dans la matière qui nous occupe, d'en limiter le sens au transfert intégral de la propriété. En un mot, lorsque le testateur ou le donateur enlève au gratifié la faculté d'aliéner, nous déciderons, sauf indication contraire pouvant résulter de l'acte, qu'il a entendu simplement lui interdire de se dépouiller de la propriété entière qu'il a reçue. Mais la prohibition ne va pas plus loin et la prohibition d'aliéner n'entraînerait pas, à notre avis, pour le gratifié, la prohibition de constituer des droits réels démembrés de la propriété, bien que l'on puisse soutenir que, dans un sens large, il y a bien cependant là une aliénation. Cette interprétation restrictive résulte pour nous de cette idée que la clause d'inaliénabilité apparaît, dans la majeure partie des cas, comme dérogeant à des principes essentiels d'ordre public, et qu'en conséquence, il y a lieu d'en limiter le plus étroitement possible la portée.

C'est par application de ces idées que nous déciderons que la prohibition d'aliéner ne peut être considérée comme entraînant celle d'hypothéquer. Contre cette solution, on a objecté, il est vrai, qu'en règle générale, celui qui ne peut pas aliéner ne peut non

(1) Cass. 11 juillet 1877, S. 77, 1, 443, D, 78, 1, 62.

plus hypothéquer. Mais on peut répondre que cette règle n'est applicable qu'autant que celui qui a constitué l'hypothèque n'était pas propriétaire ou était incapable. Or, nous supposons précisément que le donataire est capable et propriétaire. « Il faut donc, comme le dit Laurent, laisser de côté le principe général..... pour s'en tenir à la condition prohibitive ; cette clause (d'inaliénabilité) qui déroge à une loi d'ordre public, est par cela même de la plus stricte interprétation, il en faut donc limiter les effets aux termes de l'acte. De là suit que la défense d'aliéner n'emporte pas la défense d'hypothéquer..... (1). »

Pour que la prohibition d'hypothéquer fut valable, il faudrait donc qu'il en ait été spécialement fait mention dans le testament ou la donation. Si elle s'y rencontre, on peut supposer deux hypothèses : ou bien la défense d'hypothéquer sera accessoire à une défense générale d'aliéner ; en pareil cas, la prohibition d'hypothéquer suivra le sort de la prohibition générale d'aliéner ; si la prohibition générale est valable, la prohibition spéciale le sera aussi ; si elle est nulle, sa nullité entraînera la nullité de la défense spéciale d'hypothéquer.

On pourrait supposer aussi que l'acte à titre gratuit ne contient qu'une prohibition spéciale d'hypothéquer sans prohibition générale d'aliéner.

---

(1) Laurent. t. 11, n° 468. — Contrà Demolombe. t. 18, n° 298.

En pareil cas, nous appliquerons à une clause de ce genre le principe général que nous avons appliqué à la clause d'inaliénabilité elle-même, c'est-à-dire que, conformément au système que nous avons soutenu, la prohibition d'hypothéquer devrait, en règle générale, être considérée comme illicite.

En effet, le droit d'hypothéquer est un attribut du droit de propriété qui ne saurait en être détaché sans porter atteinte à ce droit tel que la loi l'a établi. Par suite, la défense d'hypothéquer ne devra être considérée comme valable que dans des hypothèses identiques à celles où nous avons admis la validité des clauses d'inaliénabilité.

Ce que nous venons de dire de la constitution d'hypothèque doit être appliqué à la constitution des autres droits réels démembrés de la propriété. La défense d'aliéner n'implique donc pas la défense de constituer des servitudes réelles ou personnelles (1). La Cour d'Angers a formellement tranché la question pour la servitude personnelle d'usufruit en décidant que la condition stipulée par un ascendant dans un partage entre vifs : « que ses enfants ne pourront disposer pendant sa vie par vente, échange ou autrement, des biens compris dans le partage, ni les hypothéquer sans son consentement, au moyen de quoi ils demeurent par privilège affectés et hypothé-

(1) Voy. Laurent, op. et loc. cit.

qués à la garantie de la rente viagère », ne fait pas
obstacle à ce que les donataires concèdent un usufruit sur ces mêmes biens (1). Cet arrêt offre un re-
marquable exemple d'interprétation restrictive. Le
partage interdisait en termes formels tous les actes
de disposition proprement dits (vente, échange, etc.)
et en outre le droit d'hypothéquer. Il n'était pas
question des servitudes ; la Cour, se conformant très
logiquement au principe d'interprétation restrictive
que nous avons établi plus haut (2), a justement décidé que du silence de l'acte, on pouvait induire la
faculté de constituer des servitudes et spécialement
un usufruit (3).

Si la prohibition de constituer une servitude est
corrélative à une prohibition d'aliéner (4), nous déciderons comme pour la constitution d'hypothèque
que la prohibition spéciale suivra le sort de la prohibition générale au point de vue de la nullité comme
de la validité.

Enfin si l'acte à titre gratuit ne contient simplement que la prohibition de constituer des servitudes
il y aura lieu encore d'appliquer la règle posée à propos de l'hypothèque (5), c'est-à-dire que la prohibition,
nulle en principe ne devra être tenue pour valable

(1) Angers, 13 août 1853, D. 53, 2, 204.
(2) Voy. supra, p. 49 et s.
(3) Laurent, t. 11, n° 468.
(4 et 5) Voy. supra, p. 51.

que dans les cas où l'on tiendrait pour valable une
clause d'inaliénabilité proprement dite.

Toujours dans le même ordre d'idées, on s'est
demandé si la défense d'aliéner comprenait aussi celle
de disposer par testament? La négative sur cette
question nous paraît devoir être adoptée. Elle résulte
pour nous de cette considération que dans le langage
juridique comme dans le langage du monde, le mot
aliéner s'applique exclusivement à l'acte qui entraîne
un dépouillement actuel de la propriété. La donation,
la vente sont considérées sans aucun doute comme
des modes d'aliénation, non pas le testament, car
aux termes mêmes de la définition légale (art. 895 du
Code civil), le testateur ne dispose que pour le temps
où il n'existera plus et de fait on ne dit point d'une
personne qui fait son testament qu'elle aliène. Il
nous semble donc plus conforme à l'intention probable de l'auteur de la libéralité de décider que la défense d'aliéner faite sans autre explication, n'entraîne
pas pour le gratifié l'impossibilité de disposer par
testament des biens qu'il a reçus.

Cette solution nous paraît conforme au principe
souvent rappelé que la clause d'inaliénabilité est de
stricte interprétation à raison des graves intérêts
généraux auxquels elle peut porter atteinte. En outre
notre solution cadre formellement avec l'esprit général de notre législation attesté par la combinaison
des articles 217 et 226 du Code civil. En effet l'ar-

ticle 217 frappe la femme mariée de l'incapacité
générale d'aliéner et cependant l'article 226 lui reconnaît formellement la capacité entière de tester.
C'est donc que, pour les rédacteurs du Code civil,
le droit de tester est distinct du droit d'aliéner.
Cet argument déduit des textes du Code nous paraît
décisif (1).

Ce n'est point à dire cependant que l'interdiction
d'aliéner ne puisse pas, dans certains cas être considérée comme comprenant l'interdiction de tester.
Dans les actes à titre gratuit et spécialement dans les
testaments l'intention véritable de l'auteur de la libéralité doit être scrupuleusement recherchée. Or dans
bien des cas il pourra résulter des termes de
l'acte ou d'un saine interprétation des volontés pro-
bables du testateur qu'en interdisant au gratifié
d'aliéner, il a entendu en même temps lui interdire de
disposer des biens par testament. Il en serait notamment ainsi, comme le dit Laurent, si le testateur
avait la volonté d'assurer l'exercice de son droit de
retour. Il est certain que son but ne serait pas atteint
si le donateur pouvait léguer les choses données, et
il est par suite nécessaire, pour garantir l'accomplis-

____

(1) Voy. en faveur de notre opinion : Cass., 2 janvier 1838, S. 38,
1, 634, D. 38, 1, 110. —Voyez toutefois en sens contraire : Bourges,
14 déc. 1852, S. 53, 2, 468, D. 54, 5, 257 ; Paris, 15 avril 1858,
S. 58, 2, 352, D. 59, 2, 10 ; Laurent, t. 11, no 469 ; Demolombe,
t. 18, no 290.

sement de sa volonté, que la prohibition s'étende aux dispositions testamentaires (1).

Tout donc, en définitive, est ici une question d'interprétation de volonté. C'est ce que reconnaît Laurent lui-même quoiqu'il soit très opposé à reconnaître la validité des clauses d'inaliénabilité. C'est ainsi qu'il décide notamment que si le donateur avait eu seulement pour but, en se réservant l'usufruit, de faire obstacle à ce que le donataire aliène la propriété de son vivant, ce donataire pourrait très certainement léguer la nue-propriété en ajoutant la clause que le legs ne devra s'ouvrir qu'à la mort de l'usufruitier (2).

On peut supposer que le testateur, sans insérer dans son testament une clause générale d'inaliénabilité a simplement fait défense au légataire de disposer par testament. Une pareille clause doit-elle être considérée comme licite ? Des distinctions assez nombreuses sont nécessaires à cet égard.

Si la défense de disposer par testament de la chose léguée a été établie par le testateur dans l'intérêt de ses parents, la jurisprudence admet la validité de la clause. C'est ce qui résulte d'un arrêt de la Cour de cassation qui décide : que le testament qui institue un légataire universel pour jouir des biens légués à

(1) Laurent, t. 11, no 469.
(2) Laurent, op. et loc. cit.

son plaisir et volonté, sous la seule charge de
remettre la moitié de ce qui lui restera à son décès
aux proches parents du testateur, peut être entendu
en ce sens, qu'il laisse au légataire la faculté de
disposer des biens légués par cet acte entre vifs seulement et qu'il lui interdit d'en disposer par acte testamentaire (1).

La jurisprudence admet également que l'on devrait
considérer comme valable la disposition par laquelle
un testateur défendrait à son héritier de laisser tout
ou partie des biens dépendant de la succession à
une personne déterminée (2).

Elle considère qu'il n'y a pas là une entrave suffisante à la liberté d'action du légataire pour la faire
considérer comme illicite.

Mais il en serait tout autrement de la condition
qui serait imposée à un donataire de ne pas tester
ou même de tester d'une manière déterminée. Cette
clause nous paraît illicite à un double point de vue :
d'abord comme limitant trop strictement les droits
du légataire et le privant d'un des attributs essentiels
du droit de propriété et aussi comme un pacte sur
succession future que prohibe formellement le Code
civil. (Voy. art. 791, 1130 et 1600 Code civ.)

Nous ne pouvons donc répéter, en présence de

(1) Cass. 11 août 1864, S. 64, 1. 436. D. 64. 1. 468.
(2) Bruxelles, 31 janvier 1816. Dalloz, *Rep*. vº dispositions entre
vifs, nº 3546.

toutes ces distinctions, que dans l'interprétation des
volontés du testateur ou donateur, les juges jouissent
d'un très large pouvoir d'appréciation pour rechercher quelle a pu être la véritable intention des parties contractantes et pour en déduire les conséquences qui en découlent au point de vue de la validité
ou de la nullité des clauses restrictives de la faculté
de tester. Et de cette remarque découle une conséquence importante, c'est que la décision des juges
du fond en cette matière sera le plus souvent souveraine, c'est-à-dire que leurs décisions échapperont à
la censure de la Cour de cassation (1).

Toutefois, si l'on rapproche la prohition d'aliéner
de la matière des substitutions, des questions déli-
cates surgissent. On peut, en effet, se demander si
cette prohibition d'aliéner n'entraîne pas charge vir-
tuelle de conserver et de rendre, ce qui est, on le
sait, un des traits caractéristiques de la substitution
prohibée. Nous n'insisterons pas trop longuement sur
cette question car elle nous amènerait dans le vif de
la question de savoir quels sont les traits caractéristiques de la substitution prohibée, ce qui est étranger
à notre sujet.

On peut remarquer simplement que si la clause
défend au légataire d'aliéner d'une manière absolue
et sans que la clause soit faite au profit d'un tiers,

(1) Cass. 14 mars 1832, S. 32, 1, 604, D. 32, 1, 118.

une pareille défense ne pourra certainement pas être considérée comme emportant substitution. Il est en effet de l'essence de toute substitution qu'elle soit faite au profit d'un tiers qui est investi d'une action contre celui qui est tenu de conserver et de rendre ou contre ses héritiers.

Par suite la défense générale d'aliéner a simplement pour résultat de mettre le bien hors du commerce sans créer au profit de qui que ce soit un droit spécial sur ce bien.

Nous avons décidé plus haut qu'elle doit être réputée non écrite comme contraire à l'intérêt général (art. 900) (1). Mais nous avons vu également que le principe est loin d'être absolu, car la doctrine et la jurisprudence y apportent de très nombreuses exceptions (2).

Dans bien des cas encore la clause d'inaliénabilité ne devra pas être considérée comme entraînant substitution. Ainsi l'existence d'une substitution ne saurait résulter de la clause, conçue même en des termes impératifs, qui défendrait à la personne à laquelle le testateur a exprimé le désir que les biens

(1) Voy. supra, p. 10 et 11.

(2) Voy. supra, p. 10 et ss. — Adde : Merlin, Rép., V° substitution fidéicommissaire, sect. VIII, n° 5 bis ; Toullier, t. V, n° 50 ; Coin-Delisle sur l'art. 896, n° 32 ; Troplong, t. 1, n° 135 ; Aubry et Rau, t. 7, § 694, p. 368 ; Laurent, t. 14, n° 462 ; Demolombe, t. 18, n° 147 ; Rolland de Villorgues, V° substitution, n° 299.

fussent transmis, d'aliéner elle-même ces biens. Une
telle interdiction ne peut être considérée comme
obligatoire, car la transmission des biens doit s'opé-
rer non pas en vertu du testament qui la renferme,
mais de la libre volonté du légataire (1).

Il n'y aurait pas davantage de substitution prohi-
b'e si la défense d'aliéner était faite sous une sanction pénale, ce qui serait notamment le cas si le
testateur avait dit que dans le cas où le légataire ne
respecterait pas la défense qui lui était faite d'aliéner, il serait tenu de payer à un tiers une certaine
somme.

Pour soutenir qu'il y a bien là réellement une
substitution, on pourrait dire que la prohibition n'est
plus dans l'espèce un simple désir puisqu'en cas
d'infraction au testament le testateur encourt de
plein droit une peine et que l'existence de cette peine
amène à l'idée d'une substitution par interprétation
de la volonté du testateur.

Malgré ces considérations, qui ne sont pas sans
valeur, les auteurs sont cependant unanimes à décider que l'insertion dans le testament d'une clause
pénale à la charge du légataire ne saurait avoir pour
résultat d'imprimer le caractère de substitution à
une prohibition d'aliéner, conçue en termes absolus.

(1) Voy. en ce sens : Cass., 11 juin 1860, S. 60, 1, 731, D. 60,
1, 447.

C'est en effet un caractère essentiel de la substitution prohibée que l'effet de l'inaliénabilité de la chose léguée qui en découle, et de donner au substitué une action réelle contre les tiers pour faire révoquer l'aliénation indue qu'aurait pu consentir le grevé.

Or dans la situation que nous examinons en ce moment, il n'y a rien de semblable, car dans la pensée du testateur l'aliénation peut bien donner lieu à l'application de la clause pénale, mais elle ne fait surgir aucune action réelle au profit du tiers puisque l'aliénation est maintenue malgré que la clause pénale soit encourue. Ici donc encore la défense d'aliéner n'aboutit pas à la substitution prohibée (1). Conformément à la doctrine que nous venons d'exposer, la Cour de Paris a décidé que la clause d'un testament qui interdisait expressément au légataire de vendre tel bien, sous peine d'entrer en partage avec qui de droit, comme s'il n'y avait pas eu de testament, ne renferme pas de substitution. On doit considérer cette disposition comme équivalant à une institution d'héritier, avec condition de ne pas aliéner et avec peine en cas de contravention. L'arrêt décide, en outre, qu'une telle condition est contraire à l'ordre public et à la liberté et doit en con-

_____

(1) Voy. en ce sens : Demolombe, t. 28, n° 147 ; Troplong, t. 1, n° 136.

H. B. 5

séquence être considérée comme non écrite par application de l'article 900 (1).

Des développements qui précèdent, il résulte donc très nettement que la prohibition d'aliéner n'implique nullement substitution. Le principe à poser en notre matière nous paraît être tout au contraire que la prohibition d'aliéner n'entraîne pas substitution. Pour qu'il en soit autrement, il faut des circonstances particulières et spécialement celle-ci : la prohibition d'aliéner a été imposée dans l'intérêt de certaines personnes auxquelles les biens qui en forment l'objet doivent revenir, d'après la teneur même de la disposition. En pareil cas, la défense d'aliéner concourt à la formation de la substitution et se confond en réalité avec elle.

Ainsi notamment, il y aurait substitution prohibée dans la disposition par laquelle un testateur léguerait tous ses biens à sa sœur sous la condition de ne jamais les vendre, ni les aliéner, ni de pouvoir en disposer qu'en faveur des enfants de son frère qui, toutefois, ne pourront en avoir la jouissance qu'après leur père et une autre sœur du testateur (2).

Les auteurs vont plus loin et décident que, même

---

(1) Paris, 11 mai 1852, Journal *Le Droit* du 24 décembre 1852.
(2) Cass., 7 mai 1862, S. 62, 1, 462, D. 62, 1, 289 ; 27 mars 1889, journal *La Loi* du 5 avril 1889 ; Aubry et Rau, t. 7, § 694, p. 308, texte et note 21 ; Demolombe, t. 18, no 149 ; Laurent, t. 14, no 462.

dans le cas où la disposition ne dit pas formellement que la chose doit revenir à un tiers, la prohibition d'aliéner au préjudice de certaines personnes suffit à elle seule, indépendamment de toute autre explication, pour entraîner vocation de ces personnes à recueillir à titre de substitués les biens dont l'aliénation est défendue.

Cette solution nous paraît certaine dans le cas où la défense d'aliéner a été imposée au donataire ou au légataire, dans l'intérêt de ses propres héritiers. L'effet de la défense est forcément, en pareil cas, de donner aux héritiers un droit exclusif de recueillir les biens donnés ou légués dans la succession de leur auteur, et leur droit est, par suite, suffisamment précis pour que l'on puisse leur reconnaître l'action en révocation des aliénations consenties au mépris de la prohibition contenue dans la donation ou le testament.

Bien qu'il puisse y avoir quelque doute sur ce point, les auteurs étendent cette solution au cas où la prohibition d'aliéner aurait été édictée dans l'intérêt des héritiers du disposant. La considération que l'on fait généralement valoir à l'appui de cette opinion, et elle nous paraît très concluante, c'est que la clause d'inaliénabilité n'a d'intérêt pour le tiers qu'autant qu'il doit en profiter; or, il ne peut en profiter que s'il est substitué à celui qui est chargé de conserver. La défense d'aliéner doit donc, dans l'espèce, être considérée comme emportant substitution implicite au profit des héritiers du disposant, car autrement elle serait sans objet : ce n'est pas ce qu'a dû vouloir le testateur (1).

Il importe toutefois de ne pas confondre l'hypothèse que nous venons d'examiner avec celle où l'auteur de la libéralité aurait défendu au donataire ou au légataire d'aliéner *en dehors de sa famille.* Contrairement à l'opinion consacrée par le droit romain et notre ancien droit (2), on admet aujourd'hui que la prohibition d'aliéner faite sous cette condition ne peut faire présumer une substitution. Sa différence à cet égard entre le droit romain et notre droit moderne s'explique par cette idée que l'on considérait autrefois avec faveur les substitutions, tandis que depuis la Révolution, elles sont en principe frappées de nullité. De cette différence de point de vue, il résulte qu'il est actuellement impossible de présumer une substitution, puisque ce serait présumer que le disposant a voulu faire un acte nul. Or, en se plaçant à ce point de vue, il ne nous semble pas que l'on puisse voir dans la prohibition d'aliéner

(1) Merlin, *Questions*, v° substitution fidéicommissaire, § 10 ; Grenier, *Observ. prélim.*, t. 1, n° 7 ; Toullier, t. 5, n°s 50 et 51 ; Aubry et Rau, op. et loc. cit. ; Demolombe, op. et loc. cit. ; Laurent, op. et loc. cit.

(2) Voy. L. 4 Cod. Just. de fidecomm., et Thévenot, *Traité des Substitutions*, n°s 231 et 232.

en dehors de la famille une désignation suffisante
pour autoriser les membres de la famille à se prévaloir d'une substitution et à inquiéter les tiers auxquels une aliénation aurait été consentie au mépris
de leurs droits. Le cercle de la famille civile est généralement assez large, quel est celui de ses membres que l'on pourrait considérer comme fondé à se
prévaloir de la substitution pour faire résoudre les
aliénations ?

Cette solution s'impose d'autant plus que dans le
système consacré par le Code civil, s'il était établi
que l'on se trouve en présence d'une substitution, il
s'ensuivrait qu'il y aurait nullité de la disposition
tout entière (1).

La jurisprudence décide, toujours dans le même
ordre d'idée, que l'on ne pourrait pas voir une substitution dans la disposition testamentaire par laquelle il est interdit à un légataire de disposer à
titre gratuit des biens légués, mais sans lui défendre
aucun autre mode de disposition.

« En effet, comme le dit Laurent, cette interdiction, strictement restreinte à un mode spécial d'aliénation laisse entier pour le légataire le droit de disposer de toute autre manière (2). » Et nous admet-

----

(1) Rolland de Villargues, op. et loc. cit., n° 302 ; Troplong,
t. 1, n° 136 ; Demolombe, t. 18, n° 148 ; Aubry et Rau, t. 7,
§ 694, p. 309, texte et note 23 ; Laurent, t. 14, n° 463.

(2) Laurent, t. 14, n° 464.

trions cette solution, alors même que le testateur
aurait ajouté que le prix provenant des aliénations
que l'héritier aurait consenties reviendrait à un tiers
désigné, s'il résultait du testament qu'à l'égard de ce
prix l'institué aurait le même droit de disposition
qu'à l'égard des biens eux-mêmes (1).

Il n'y aurait pas non plus substitution dans la disposition qui n'interdirait même pas au légataire tout
mode de disposition à titre gratuit, mais lui enlève-
rait seulement le droit de disposer par testament de
la chose léguée, lui laissant le pouvoir d'aliéner à
titre gratuit, comme à titre onéreux, sous la seule
restriction que ses libéralités soient des libéralités
entre vifs (2).

Enfin, on ne saurait non plus voir une substitution
prohibée dans la clause par laquelle le *de cujus* dis-
poserait à titre particulier de la pleine propriété des
choses léguées sous la réserve de l'usufruit attribué
à sa femme et sous une condition suspensive qui se
réalisera au décès de celle-ci en même temps que
l'usufruit prendra fin (3).

---

(1) Cass., 11 févr. 1863, S. 63, 1, 204, D. 63, 1, 232.
(2) Cass., 14 mars 1832, S. 32, 1, 604, P. 32, 2, 450; 11 août
1864, S. 64, 1, 436, D. 64, 1, 468 ; Toullier, t. 5, nos 50 et 51 ;
Duranton, t. 8, no 75 ; Rolland de Villargues, op. et loc. cit. ;
Troplong, t. 1, no 137 ; Demolombe, t. 18, no 150 ; Laurent, t. 14;
no 465 ; Aubry et Rau, t. 7, § 694, p. 309, texte et note 22.
(3) Paris, 21 mai 1890, *Gaz. des Trib.* du 6 juin 1890.

CHAPITRE IV

SANCTION DE LA PROHIBITION D'ALIÉNER LORSQUE CETTE PROHIBITION EST RECONNUE LICITE

—

Dans les cas exceptionnels où l'on reconnait la validité de la prohibition d'aliéner, une question subsidiaire se pose immédiatement : quelle sera la sanction d'une pareille prohibition ?

Il se peut tout d'abord que le testateur ait entendu l'assurer lui-même par l'insertion d'une clause pénale dans la disposition. S'il en est ainsi, il n'est pas douteux que l'aliénation faite contrairement à la prohibition donne ouverture à la clause pénale édictée par le donateur ou le testateur. C'est ainsi, par exemple, que si le disposant avait déclaré que dans le cas où il y aurait aliénation de l'objet légué, la propriété de cet objet passerait à un tiers désigné, ce tiers aurait le droit de réclamer l'objet entre les mains du tiers acquéreur (1).

(1) Demolombe, t. 18, no 304.

De même, dans une espèce qui s'est présentée devant la Cour de Douai, la clause pénale consistait en ce que le donateur avait déclaré que si le donataire contrevenait à la prohibition d'aliéner, la donation serait révoquée par le seul fait de l'aliénation des biens donnés. La Cour de Douai a validé cette clause pénale et décidé que la révocation avait été encourue de plein droit, sans même qu'il puisse être accordé au donataire aucun délai pour rentrer dans la loi du contrat (1).

Toutefois les disposants, en insérant dans leur donation ou leur testament la clause d'inaliénabilité, sont loin d'avoir toujours la prévoyance d'en assurer l'observation par l'adjonction d'un clause pénale. Que décider lorsque la prohibition d'aliéner n'est accompagnée d'aucune clause de ce genre. Il ne nous semble pas douteux que l'aliénation faite au mépris de la clause d'inaliénabilité doit être déclarée nulle. C'est évidemment, ainsi que le reconnaissent tous les auteurs (2), la seule sanction possible de la prohibition d'aliéner. Mais, une fois l'existence de la nullité admise, la question qui se pose est de savoir quelles sont les personnes qui peuvent invoquer cette nullité. C'est sur ce point que les difficultés apparaissent.

---

(1) Douai, 10 août 1878, Jurispr. de Douai, t. 36, p. 341.
(2) Laurent, t. 11, n° 467 ; Demolombe, t. 18, n° 306.

On admet sans hésitation que cette nullité peut être invoquée par le donateur ou ses héritiers, s'il s'agit d'une donation, par les héritiers du testateur s'il s'agit d'un testament (1).

Il n'est pas douteux non plus qu'elle puisse l'être par les tiers dans l'intérêt desquels la clause a été stipulée. Ainsi notamment si un donateur, en soumettant le donataire au service d'une rente viagère avait imposé à ce dernier la charge de ne pas vendre, ni engager les biens donnés sans son adhésion formelle, on pourrait admettre, comme l'a fait la Cour de cassation, par interprétation des actes et de l'intention probable des parties contractantes, que le droit de se prévaloir de la nullité ne doit pas être considéré comme un droit essentiellement attaché à la personne.

Par application de cette idée, la Cour de cassation a pu justement décider qu'un créancier porteur d'une hypothèque consentie avec le consentement du donateur et accompagnée d'une subrogation dans ses droits, doit être déclarée recevable à se prévaloir des droits de ce donateur pour demander la nullité à son égard d'une autre hypothèque consentie sans l'adhésion du donateur (2).

Si l'on ne peut pas considérer comme douteux le

(1) Laurent, op. et loc. cit. ; Demolombe, op. et loc. cit.
(2) Cass. 21 juillet 1868, S. 69, 1. 34.

droit pour le disposant ou le tiers d'exercer l'action
en nullité résultant de la violation par le gratifié de
la clause d'inaliénabilité, il n'en est plus de même
lorsqu'il s'agit du donataire ou du légataire.

En d'autres termes, lorsque l'aliénation a été consentie par le gratifié même auquelle elle était inter-
dite, ce gratifié peut-il se prévaloir de la nullité pour
faire tomber l'aliénation qu'il a indûment consentie ?

Pour résoudre cette question, il nous semble indispensable de se placer à ce point de vue que, lorsqu'une clause d'inaliénabilité est insérée dans une
disposition entre vifs ou testamentaire ce n'est le
plus souvent pas dans l'intérêt du gratifié, mais dans
l'intérêt du disposant ou des tiers qu'elle existe. Si
l'on se place à ce point de vue qui est de beaucoup
le plus pratique, il en résultera que la nullité pour violation de la clause d'inaliénabilité étant d'intérêt privé
et nullement d'ordre public, cette nullité ne pourra
être invoquée que par les parties intéressées, c'est-
à-dire, suivant les cas, le donateur ou les tiers. Mais
si le donataire ou légataire n'a pas intérêt au maintien de l'inaliénabilité, si cette inaliénabilité n'a pas
été introduite en sa faveur nous ne saurions le considérer comme une personne intéressée et par suite
nous ne lui reconnaîtrons pas le droit de se prévaloir
d'une nullité qui n'existe pas en sa faveur. En d'autres termes il n'y a qu'à appliquer ici les principes
généraux sur les nullités relatives, puisque, en raison

de son caractère exceptionnel la violation de la
clause d'inaliénabilité ne peut être considérée en
aucun cas comme donnant ouverture à une nullité
d'ordre public (1).

A cette raison qui nous parait à elle seule décisive,
lorsque la clause d'inaliénabilité n'a pas été introduite en faveur du légataire ou du donataire, on a
souvent ajouté celle-ci ; le gratifié, dit-on, ne peut en
aucun cas agir en nullité contre les tiers auxquels il a
concédé des droits, puisqu'il ne peut pas évincer
ceux-là même vis-à-vis desquels il est tenu à garantie
par application des principes généraux sur la vente
(art. 1625 et suivants Code civil) (2).

On a fait remarquer avec raison, que cette objection n'est pas décisive. En effet, l'éventualité possible
d'un recours en garantie, ne constitue pas un obstacle à ce que celui qui sera tenu de cette obligation
exerce l'action en nullité qui y donnera lieu. Ainsi
l'article 1560 du Code civil permet bien au mari de
demander la nullité de la vente de l'immeuble dotal,
bien qu'il soit vendeur de cet immeuble, et comme
tel tenu à la garantie. La femme dotale a également
les mêmes droits, bien que les circonstances plus ou
moins frauduleuses qui peuvent accompagner la
vente de son bien dotal, soient de nature également

(1) Laurent, t. 11, no 467.
(2) Demolombe, t. 18, no 306.

à l'exposer à une action en garantie. Comme nous l'avons dit, l'objection n'est pas décisive, car il résulte du texte même de la loi que rien n'empêche qu'une personne soit tenue à garantie tout en ayant le droit de demander la nullité d'un acte juridique (1).

Nous avons raisonné jusqu'ici dans l'hypothèse où l'inaliénabilité a été introduite dans l'intérêt du donateur ou des tiers, non dans celui du gratifié : mais il n'en sera pas toujours ainsi, il se peut aussi que la prohibition d'aliéner soit introduite dans l'intérêt du donataire, par exemple pour le prémunir contre des habitudes de prodigalité ou de dépenses excessives. Nous n'hésiterions pas, en pareil cas, à décider que la nullité pourra être invoquée par le donataire, s'il était établi que, c'est dans son intérêt exclusivement que la défense d'aliéner a été faite (2). S'il a seul un intérêt à se prévaloir de la nullité, il serait à la fois injuste et peu juridique de lui refuser le droit d'agir : on aboutirait à ce résultat qu'on se trouverait en présence d'une nullité que personne ne pourrait invoquer.

Lorsque le tiers acquéreur sera évincé par l'effet d'une clause d'inaliénabilité portant sur les biens

---

(1) Laurent. op. et loc. cit.
(2) Voy. en faveur de cette opinion : Laurent, t. 11, nos 464 et 467.

dont il a fait l'acquisition, il y aura lieu à l'application des principes généraux sur la garantie, posés par la loi en matière de vente (art. 1625 et suivants Code civil). Nous n'avons pas à insister sur cette question, nous relèverons simplement la décision suivante intervenue en notre matière et par laquelle il a été décidé que, dans le cas d'éviction survenue par suite d'une clause d'inaliénabilité, le vendeur doit, dans tous les cas, rembourser le prix qu'il a touché, mais n'est tenu de dommages et intérêts que si l'acheteur a ignoré les dangers de l'éviction (1).

Cette question de la garantie nous amène tout naturellement à l'examen de la question de savoir si la clause d'inaliénabilité, pour pouvoir être opposée aux tiers et entraîner pour eux le danger de l'éviction doit avoir été transcrite par application des principes généraux posés par la loi du 23 mars 1855 sur la transcription.

La solution de cette question est très simple à notre avis ; elle nous paraît se résumer dans les idées suivantes : la clause d'inaliénabilité n'est soumise à la transcription qu'autant qu'elle se trouve dans un acte qui s'y trouve lui-même soumis. En conséquence, si elle a été insérée dans une donation, comme la donation n'est opposable aux tiers que par la transcription (art. 939 et suivants Code civil et loi

(1) Douai, 27 avril 1864, D. 64, 2, 89.

du 23 mars 1855), nous déciderons qu'il en sera de même de la clause qui l'accompagne.

Au contraire, dans le système consacré jusqu'ici par notre Droit français moderne, les testaments échappent à la nécessité de la transcription, il en sera de même de la clause d'inaliénabilité contenue dans le testament. Les tiers pourront donc être inquiétés à raison même de cette clause sans qu'ils aient un moyen légal d'en avoir connaissance. C'est un argument de plus contre l'imperfection du système français en matière de publicité (loi du 23 mars 1855) (1).

Nous ne dissimulons pas que cette solution peut paraître très rigoureuse, car les tiers, au moins dans l'hypothèse d'un testament, sont exposés à souffrir un préjudice auquel ils n'ont eu aucun moyen de se soustraire.

Peut-être pourrait-on diminuer la rigueur de cette solution en transportant en notre matière les règles admises par la pratique et la jurisprudence sur les régimes matrimoniaux au sujet des clauses d'emploi et de remploi.

Dans la doctrine courante, on admet sans difficulté que les clauses d'emploi et de remploi insérées dans les contrats de mariage, sont opposables aux tiers lorsqu'il résulte clairement des termes du contrat de

_____

(1) Voyez Mourlon, *Traité théorique et pratique de la transcription*, Baudry-Lacantinerie, t. 2, n° 836.

mariage que telle a été la convention des parties
contractantes (1).

Mais pour qu'il en soit ainsi, il est indispensable
que le contrat de mariage contienne une stipulation
formelle à cet égard. Par suite, il n'y aurait pas lieu
d'admettre la validité de la clause d'emploi ou de
remploi vis à vis des tiers si le contrat de mariage
contenait une simple clause d'emploi ou de remploi,
sans qu'il apparût avec évidence que l'intention des
parties a été de faire dépendre la validité du paiement de la condition de l'emploi ou du remploi des
deniers qui en forment l'objet.

Par extension de ces principes, on pourrait décider
que la clause d'inaliénabilité temporaire ne devra être
considérée comme opposable aux tiers qu'autant que
le donateur ou le testateur l'aura formellement stipulée dans l'acte contenant la libéralité, ou encore aura
subordonné la validité de l'aliénation à la nécessité
d'un remploi. On pourrait objecter, sans doute, que
le principe, que les conventions matrimoniales sont
opposables aux tiers, ne s'applique pas sans restriction aux autres conventions (arg. art. 1165, Code
civil), et il y a là, sans doute, sans qu'on puisse son-
ger à le dissimuler, une objection très sérieuse à la

---

(1) Voyez notamment en ce sens: Benoît, *De la Dot*, t. 1, nᵒˢ 110
et 112 ; Benech, *De l'Emploi et du remploi*, nᵒ 55 à 58 ; Rodière
et Pont, *Traité du Contrat de mariage*, t. 3. nᵒ 1705 ; Troplong,
Du Contrat de mariage, nᵘ 3120.

doctrine que nous essayons d'établir. Elle nous semble cependant se justifier par l'intérêt supérieur de
la circulation des biens : elle atténue dans une mesure
notable la rigueur de notre solution à l'égard des
tiers.

CHAPITRE V

DE LA DÉFENSE DE SAISIR

—

La défense de saisir peut se présenter sous deux aspects très différents, ou à titre accessoire, ou à titre principal.

La défense de saisir existera à titre accessoire lorsqu'on la fera découler de la prohibition d'aliéner. On peut se demander effectivement si la clause d'inaliénabilité introduite dans un acte de disposition à titre gratuit n'entraine pas comme conséquence l'insaisissabilité de l'immeuble déclaré inaliénable. Bien qu'il y ait là avant tout une question d'interprétation de volonté à résoudre souverainement par les juges du fond, il nous semble bien que, dans l'immense majorité des cas, on devra considérer que la conséquence inéluctable de l'inaliénabilité stipulée est l'insaisissabilité.

En effet, le but du donateur qui stipule l'insaisissabilité ne pourra sûrement être atteint que si le bien donné est mis hors du commerce. La clause d'inalié-

nabilité serait en définitive illusoire si le donataire
pouvait arriver à l'aliénation indirecte des biens donnés en les engageant au profit de ses créanciers.
Logiquement donc, et pour que le but poursuivi soit
obtenu, il est indispensable que le bien inaliénable
soit aussi insaisissable.

Cette solution est admise sans difficulté pour les
immeubles dotaux qui sont inaliénables, il doit en
être de même pour les biens déclarés licitement inaliénables par la volonté du donateur et du testateur,
car la raison de décider est toujours la même (1).

On s'est demandé toutefois à cet égard s'il n'y
avait pas lieu de distinguer entre les créanciers antérieurs à la donation et ceux qui lui sont postérieurs.
La jurisprudence écarte toute distinction, d'après elle,
en effet, les créanciers antérieurs à la libéralité ne
peuvent pas se plaindre puisqu'ils n'ont pas pu traiter
avec le débiteur en comptant sur un bien qu'il ne
possédait pas encore. Quant aux créanciers postérieurs, ils ont bien sans doute pour gage tous les
biens de leur débiteur, mais cette règle doit forcément souffrir exception pour les biens dont le débiteur n'a pas lui-même la disposition : un donataire
notamment ne peut pas donner à ses créanciers un
droit d'aliéner qu'il n'a pas lui-même (2).

(1) Laurent, t. 11, n° 470; Cass. 27 juillet 1863. S. 63, 1, 465.
D. 64, 1, 494.

(2) Laurent, op. et loc. cit.

L'opinion que nous venons d'exposer n'est fondée d'ailleurs que sur une interprétation rationnelle de volonté. Rien n'empêcherait donc le disposant de stipuler que le bien inaliénable n'en restera pas moins saisissable.

Cette clause serait même très favorable puisqu'elle restreindrait assez largement l'obstacle à la circulation des biens que crée la clause d'inaliénabilité. Elle pourrait donc s'induire non pas seulement d'une stipulation expresse, mais des circonstances particulières que peuvent révéler la donation ou le testament attentivement examinées.

Nous avons indiqué que la clause d'insaisissabilité n'est pas nécessairement accessoire à la clause d'inaliénabilité : elle peut aussi être principale. Quelles seront, lorsqu'il en sera ainsi, les règles auxquelles elle sera soumise ; c'est ce que nous devons maintenant étudier.

Si nous examinons la question au point de vue des meubles, tout d'abord, elle ne saurait présenter de difficultés, car nous avons un texte, l'article 581 alinéa 3 du Code de procédure civile qui autorise le testateur ou le donateur à déclarer insaisissables les sommes et les objets disponibles.

C'est là une dérogation très notable aux principes généraux du droit, en vertu desquels les biens d'un débiteur sont le gage général de ses créanciers (voy. art. 2092 Code civil). Les auteurs justifient cette dérogation par la considération suivante : le donateur, le testateur étaient libres de ne point donner, de ne point léguer au bénéficiaire de libéralité. Ils ont donc pu valablement apporter à leur libéralité toutes les restrictions qui leur ont convenu, et notamment soustraire au droit général des créanciers les biens donnés. Les créanciers du donataire ou du légataire sont sans droit pour se plaindre, car ils n'ont pas dû compter sur ce gage et il est probable que si le disposant n'avait pas été libre d'apporter cette clause à sa libéralité, il n'aurait fait aucune libéralité : la situation des créanciers reste donc dans tous les cas la même (1).

Il faut toutefois, pour bien apprécier la portée du § 3 de l'article 581 du Code de procédure, remarquer que ce texte ne parle que des sommes et objets disponibles. Par suite, si les sommes ou objets qui ont été légués avec déclaration d'insaisissabilité, l'ont été par un testateur dont les biens étaient frappés d'une réserve au profit du légataire la règle de l'article disparaîtrait alors ou dans tous les cas se modifierait. C'est ainsi notamment que si un père ayant épuisé son disponible par des donations au profit d'étrangers léguait ensuite la réserve à son fils avec clause d'insaisissabilité, cette clause ne pourrait être consi-

(1) Boitard, Colmet d'Aage et Glasson, *Leçons de procédure civile*, t. 2, p. 254.

dérée comme valable, car la raison que nous avons
donnée pour justifier la clause d'insaisissabilité qu'autorise la loi ne se retrouve plus ici. Nous savons que
ce qui fait admettre la validité de cette clause, c'est
que le testateur étant libre de ne point donner a dû
être libre *a fortiori* de subordonner son don à telle
ou telle condition. Or, cette raison n'est vraie que
pour le disponible, elle ne saurait l'être pour la réserve du gratifié sur laquelle les créanciers ont pu
très légitimement compter (1).

Il est à remarquer d'autre part que l'article 582
du Code de procédure atténue dans une assez large
mesure la portée du § 3 de l'article 581, en décidant
que les sommes et objets stipulés, insaisissables par
application de ce texte, pourront être saisis par les
créanciers postérieurs à l'acte de donation ou à l'ouverture du legs en vertu de la permission du juge et
pour la portion qu'il déterminera. L'article 582 limite
le bénéfice de l'exception qu'il édicte aux créanciers
postérieurs à la donation ou au legs, les créanciers
antérieurs à ces actes juridiques ne pourraient donc
jamais s'en prévaloir. C'est qu'à eux la raison plus
haut s'applique dans toute sa force. Il n'en est pas
tout à fait de même pour les créanciers qui n'ont traité
avec le légataire ou le donataire que depuis l'ouverture du legs ou depuis la donation. On peut croire,

_____

(1) Boitard, Colmet d'Aage et Glasson, op. et loc. cit.

en effet, qu'ils ont pu traiter avec lui, lui faire des fournitures, des avances à raison de la confiance que leur inspirait l'aisance apparente qui résultait pour ce débiteur de la donation ou du legs, dont ils ont pu très légitimement ignorer la clause d'insaisissabilité. C'est en se plaçant à ce point de vue très pratique que le législateur a essayé de concilier dans l'article 582 autant que cela est possible, l'intention du disposant et la bonne foi des créanciers postérieurs à la libéralité. Cette conciliation consiste dans une dérogation possible à la clause d'insaisissabilité, les sommes ou objets mobiliers déclarés insaisissables pourront être saisis, à titre exceptionnel par les créanciers postérieurs, mais pour cela une double condition sera nécessaire. Il faudra : 1° qu'une permission expresse ait été donnée par les juges qui ne devront l'accorder qu'après avoir apprécié la nature de l'erreur et la bonne foi ; 2° cette permission ne devra être accordée que pour une somme plus ou moins forte, pour une quotité de la créance seulement ayant égard avant tout aux besoins du débiteur sur lequel sera faite la saisie-arrêt (1).

Pour terminer sur la disposition de l'art. 581, § 3 du Code de procédure civile, nous faisons remarquer que cette disposition étant exceptionnelle et aussi contraire à l'intérêt général, puisqu'elle retire en

---

(1) Voy. Boitard, Colmet d'Aage et Glasson, t. 2, n° 838.

fait de la circulation les biens déclarés insaisissables, doit recevoir une interprétation strictement restrictive. Il faut décider, en conséquence, que tous les biens que l'on ne pourra pas considérer comme étant compris d'une façon certaine dans les prévisions de la loi, demeureront le gage des créanciers.

Cette observation nous amène à l'étude de la question très importante de savoir si l'article 581, § 3 du Code de procédure autorise la clause d'insaisissabilité relativement aux immeubles disponibles, aussi bien que pour les meubles de ce genre. Nous supposons toujours qu'il s'agit de l'insaisissabilité stipulée à titre principal. Nous avons admis en effet, plus haut (1), que dans le cas où il y a inaliénabilité, l'insaisissabilité en découle logiquement, sauf manifestation contraire de volonté.

Si nous supposons que l'insaisissabilité est stipulée à titre principal, il y a une très vive controverse sur le point de savoir si le donateur ou le testateur peuvent déclarer insaisissables les immeubles donnés ou légués.

L'opinion qui paraît avoir prévalu en jurisprudence, bien qu'il y ait toutefois des divergences, est que les immeubles, dont le donateur ou le testateur a la libre disposition, peuvent être déclarés par lui insaisissables, avec cette restriction importante toutefois, que

_____
(1) Voy. supra, p. 75 et suivantes.

la clause d'insaisissabilité ne peut jamais avoir d'effet qu'à l'égard des créanciers antérieurs.

Les arrêts font remarquer qu'avec cette restriction la condition d'insaisissabilité n'est ni impossible, ni prohibée par la loi, ni contraire aux mœurs. Sans doute, l'article 581 du Code de procédure ne paraît bien prévoir que l'insaisissabilité des meubles *in terminis*, mais la raison de décider pour les immeubles est la même que pour les meubles. Quant aux droits des créanciers, ils sont suffisamment sauvegardés par ce fait que l'insaisissabilité n'est jamais opposable aux créanciers postérieurs, mais seulement aux créanciers antérieurs. Ceux-ci, en effet, n'ont pu compter, comme gage de leurs créances, que les biens possédés par leur débiteur au moment où ils traitent. Quant aux biens qui lui adviennent postérieurement, ils n'ont pas pu y compter. Ils ne peuvent donc se plaindre d'avoir été trompés. Il pourrait en être autrement, sans doute, pour les créanciers postérieurs, aussi sauvegarde-t-on leurs droits en décidant que la clause d'inaliénabilité ne leur est pas opposable (1).

(1) Voy., en faveur de cette opinion : Cass. 10 mars 1852, S. 52, 1, 346, D. 52, 1, 111 ; 27 juillet 1863, S. 63, 1, 465, D. 64, 1, 494 ; 26 décembre 1864, S. 65, 1, 9 ; D. 65, 1, 24 ; Toulouse, 4 mars 1857, S. 67, 2, 61 ; Pigeau, *Commentaire du Code de procédure civile*, t. 2, p. 272 ; Troplong, t. 1, n° 272 ; Aubry et Rau, t. 7, § 692, p. 297. texte et note 39.

Ce système nous paraît très contestable. Il nous semble, en effet, que la clause d'insaisissabilité équivaut à une mise hors du commerce partielle, ce qui doit amener à la faire déclarer nulle.

Cette nullité résulte, non seulement de considérations générales, mais encore de l'art. 2092 du Code civil aux termes duquel : « quiconque est obligé personnellement est tenu de remplir ses engagements sur tous ses biens, mobiliers ou immobiliers, *présents ou à venir*. » Il y a là un principe fondamental qui, en assurant l'exécution des obligations contractées par le débiteur, constitue par là même une garantie publique pour les transactions civiles ou commerciales. La clause d'insaisissabilité qui vient précisément contrarier l'application du principe essentiel de l'article 2092, doit donc être forcément considérée comme contraire à la loi et nulle par conséquent.

C'est vainement qu'en faveur de l'opinion contraire on invoque l'article 581, § 3 du Code de procédure. Ce texte en effet constitue une exception au principe général de l'article 2092 du Code civil. Il doit donc recevoir une interprétation restrictive, et, puisqu'il parle des meubles seulement, il ne peut pas être étendu aux immeubles.

L'interprétation stricte du texte se justifie encore par cette considération que c'est uniquement par des motifs d'humanité que dans l'article 581 du Code de procédure, le législateur a permis de mettre certaines choses mobilières à l'abri de l'action des créanciers. Il n'a pas voulu que le donataire puisse être privé par la poursuite de ses créanciers, de choses qui ne lui ont été données que pour lui permettre de vivre. Le motif ne se retrouve plus aussi entier pour les immeubles qui représenteront d'ordinaire une valeur beaucoup plus grande que les objets mobiliers donnés sous la condition d'insaisissabilité.

En définitive donc, nous déclarerons nulle la clause d'insaisissabilité en tant qu'elle s'applique à titre principal à des immeubles parce que l'article 581, § 3, du Code de procédure ne la valide pas *in terminis*, ce qui fait qu'elle est contraire à la règle de l'article 2092 du Code civil et à la règle d'ordre économique de la libre circulation des biens (1).

A ces considérations, entièrement décisives à notre avis, on peut ajouter que l'opinion opposée est essentiellement arbitraire, en tant qu'elle distingue les créanciers antérieurs et les créanciers postérieurs à à la libéralité pour déclarer la clause d'insaisissabilité opposable aux premiers et non aux derniers. Pour faire admettre cette distinction, la jurisprudence s'est

(1) Voy. en faveur de cette opinion : Riom, 23 janvier 1847, D. 47, 2, 122 ; Montpellier, 16 janvier 1862, D. 63, 1, 24 ; Poitiers, 12 mars 1885, D. 86, 2, 27. — Chauveau sur Carré, n° 2198 ; Rioche, *Dictionnaire de procédure*, V° Saisie immobilière, n° 50 ; Favart, Rép. V° Expropriation forcée, t. 3. p. 493, n° 3 ; Massé et Vergé et Zachariœ, t. 3, p 180 ; Demolombe, t. 18, n° 311 ; Laurent, t. 11, n°s 471 et 472.

inspirée de l'article 582 du Code de procédure civile.
Mais cet argument se retourne contre elle, car il résulte bien de l'examen attentif de ce texte, que dans
l'esprit du législateur, la clause d'insaisissabilité ne
peut s'appliquer qu'à des meubles. C'est ce qui résulte
très nettement, à notre avis, des termes mêmes de
l'article 582. En effet, nous savons que ce texte autorise la saisie au profit des créanciers postérieurs à la
libéralité sous la double condition : qu'il y aura permission du juge, et que ce juge déterminera la quote-
part qui pourra être saisie. La première des conditions (permission du juge) peut sans doute aussi bien
s'appliquer aux immeubles qu'aux meubles. Il n'en
est pas de même de la seconde, car on ne conçoit
guère que les juges puissent autoriser la saisie de la
quote part d'un immeuble déclaré insaisissable (Com-
parez art. 2205 C. civ.). De là il résulte que l'application de l'article 582 du Code de procédure aux
immeubles, est impossible. Mais s'il en est ainsi, sur
quel texte peuvent s'appuyer les tribunaux pour justifier la distinction qu'ils font entre les créanciers
antérieurs et les créanciers postérieurs à la libéralité,
et cette remarque, en démontrant l'arbitraire du système sur un point, ne suffit-elle pas à le ruiner tout
entier ?

Cet arbitraire apparaît encore plus dans quelques
décisions qui ont admis que, dans certains cas exceptionnels, la clause d'insaisissabilité pouvait être oppo-

sée même à des créanciers postérieurs à la libéralité.
C'est ainsi notamment que plusieurs arrêts ont décidé qu'il y avait lieu de faire exception à la règle
générale pour le cas ou l'insaisissabilité de l'immeuble
donné aurait été établie, non dans l'intérêt exclusif
du donataire, mais dans celui du donateur même,
comme par exemple, si le donateur s'était réservé
l'usufruit du bien donné. Dans cette hypothèse, et
dans toutes les analogues qui pourraient se présenter,
l'immeuble doit être considéré comme insaisissable,
aussi bien par les créanciers postérieurs que par les
créanciers antérieurs à la donation (1).

En dehors de ces hypothèses exceptionnelles, la
jurisprudence n'admet le droit de saisie des immeubles déclarés insaisissables qu'au profit des créanciers postérieurs, à la libéralité, mais quant à ceux-
là, elle maintient énergiquement sans aucune distinction, le droit de saisie. C'est ainsi notamment
qu'elle décide que l'article 582 du Code de procédure
civile, en tant qu'il dispose que les legs déclarés insaisissables par le testateur, pourront cependant être
saisis jusqu'à une certaine concurrence par les créanciers postérieurs à l'ouverture de ces legs, doit être
appliqué même dans le cas où le testateur aurait déclaré vouloir que les créanciers postérieurs ne puis-

_____

(1) Cass., 27 juillet 1863, S. 63, 1, 465, D. 64, 1, 494 ; Toulouse,
6 juillet 1883. *Gaz. du Palais*, 1883, 2, 250 ; Poitiers, 12 mars
1885, D. 86, 2, 279.

sent saisir le legs qu'il fait. Pour la jurisprudence, la disposition de l'article 582 du Code de procédure civile, constituerait donc une disposition d'ordre public à laquelle la volonté du disposant ne saurait déroger (1).

La doctrine qui reconnait comme valable, la clause d'insaisissabilité insérée à titre principal dans le testament donne lieu à une difficulté particulière sur laquelle nous devons nous expliquer. On s'est demandé en supposant la validité d'une pareille clause, si, lorsqu'elle est insérée dans un testament, elle produit encore son effet à l'égard des créanciers du testateur défunt qui seraient devenus, en l'absence d'une demande de séparation des patrimoines ou d'une acceptation bénéficiaire de la succession, créanciers personnels du légataire auquel la clause d'insaisissabilité a été imposée.

La difficulté, à cet égard, provient de ce principe qu'un débiteur ne saurait valablement déclarer lui-même ses biens insaisissables à l'égard de ses propres créanciers, car personne ne peut soustraire ses biens au gage dont ils sont frappés par la loi. Or, lorsqu'il y a eu confusion du patrimoine de l'héritier et du défunt, par suite d'une acceptation pure et simple, les créanciers du défunt deviennent les créanciers personnels de l'héritier et l'on peut se demander dès

(1) Toulouse, 18 novembre 1823, Cass., 15 février 1825.

lors, si la clause d'insaisissabilité, sûrement opposable à tous les créanciers de l'héritier, ne le sera même pas aux créanciers du défunt qui, par suite de l'acceptation dont nous parlons, sont aussi les créanciers personnels du légataire. D'après la rigueur des principes, il nous semble bien que lorsqu'une pareille situation se présentera, on devra décider que la clause d'insaisissabilité est opposable même aux créanciers personnels du défunt. C'est vainement qu'ils allégueraient leur qualité de créanciers du défunt pour soutenir que leur débiteur n'a pas pu leur enlever le droit de gage qu'ils avaient sur ses biens ; on peut leur répondre, comme le dit Laurent : « ... qu'ils ne sont plus créanciers du défunt, qu'ils sont créanciers de l'héritier, qu'il n'y a plus de biens du défunt, qu'il n'y a plus que des biens de l'héritier, et que, parmi ces biens, il s'en trouve qu'ils ne peuvent saisir (1). » Il y a là une situation de fait et de droit qui s'impose à eux, et contre laquelle ils ne peuvent rien pour réagir.

Il en est surtout ainsi, ajoute la Cour de Paris, lorsqu'ils ont laissé passer le moment où ils pouvaient utilement demander la séparation des patrimoines. On sait qu'aux termes de l'article 2111 du Code civil, les créanciers qui veulent user du droit de séparation des patrimoines qui leur appartient en

(1) Laurent, t. 11, n° 473.

vertu de l'article 878 du même Code, doivent faire
inscrire leur demande dans les six mois de l'ouverture de la succession; s'il n'opèrent pas cette forma-
lité dans les délais, la confusion s'opère de plein
droit (1).

La Cour de cassation n'a cependant pas admis
cette doctrine et dans un arrêt du 3 janvier 1854 elle
a cassé l'arrêt précité de la Cour de Paris qui l'avait
consacrée. On relève dans les considérants les motifs
suivants de sa décision que nous croyons utile de
donner ici : « ... Attendu, dit la Cour de cassation,
que le légataire à titre universel est tenu, relativement à la quote-part qui lui est destinée, des dettes
de la succession, comme le légataire universel ; qu'il
lui est, par conséquent, interdit de recueillir aucun
profit de la libéralité que le testateur lui a conférée
au détriment des créanciers de sa succession, et avant
que ceux-ci aient été satisfaits, ... ; attendu que cette
préférence en faveur de la disposition à titre gratuit,
que le testateur n'avait pas le droit de faire au préjudice de ses créanciers personnels, ne peut être
justifiée par cette raison que le créancier a laissé
écouler le délai de six mois à partir de l'ouverture
de la succession de son débiteur direct, sans faire
inscrire conformément à l'article 2111 du Code

_____

(1) Voy. en faveur de cette opinion : Paris, 3 janvier 1854, Cass.
17 mars 1856, S. 56, 1, 593, D. 56, 1, 152; Laurent, op. et loc. cit.

civil, son privilège de séparation des patrimoines ;
attendu que la demande en séparation des patrimoines
n'est nécessaire aux termes des articles 878 et 2111
du Code civil, de la part des créanciers ou légataires
du défunt que contre les créanciers de son héritier,
et que plus spécialement le défaut d'inscription dans
les six mois ne profite, d'après l'article 2111, qu'aux
créanciers de l'héritier ou autres représentants du
défunt qui auraient fait inscrire eux mêmes le privilège ou l'hypothèque que le représentant du défunt
leur aurait conférée (1). »

Cet arrêt contient une part de vérité, en ce que,
contrairement à l'opinion de la Cour de Paris que
nous avons reportée plus haut (2), et d'après laquelle
les créanciers du défunts aurait dû demander la séparation des patrimoines, afin de conserver leur gage
sur les biens du débiteur, il fait justement remarquer
que la spéculation des patrimoines ne peut être de-
mandée que contre les créanciers de l'héritier, auxquels les créanciers du défunt sont préférés, s'ils
remplissent les formalités exigées par la loi. Or dans
l'espèce, les créanciers de l'héritier étaient hors de
cause puisqu'ils étaient eux-mêmes soumis à la
clause d'insaisissabilité. Par suite, la Cour de Paris
avait eu tort d'invoquer la séparation des patrimoines

(1) Cass., 17 mars 1856, S. 56, 1, 593, D. 56, 1, 152.
(2) Laurent, op. et loc. cit.

dans l'espèce. Mais il ne résulte pas de là, que le fond même de notre théorie soit inexact, car, en définitive, la Cour de cassation, dans l'arrêt que nous venons de rapporter, n'a nullement établi qu'il y ait pour les créanciers du défunt un moyen juridique de se soustraire à la confusion des patrimoines qui résulte de l'acceptation pure et simple et aux conséquences qui en découlent (1).

Dans la doctrine qui admet la validité de la condition d'insaisissabilité, on décide généralement qu'il n'est pas nécessaire que cette condition fasse l'objet d'une déclaration expresse. Elle pourrait au contraire très bien s'induire de la combinaison des clauses d'un ou de plusieurs testaments (2). C'est ce nous semble par application de ce principe, que la Cour de Rouen a décidé que, lorsqu'il résulte des circonstances de la clause qu'un testateur a voulu, en faisant un legs de rente viagère avec mention d'insaisissabilité et d'incessibilité assurer ainsi à son légataire des moyens d'existence en l'empêchant de dissiper la rente à lui faite, cette modalité d'insaisissabilité et d'incessibilité affecte le capital qui est versé au légataire dans le cas où l'héritier à réserve opte pour l'abandon de la quotité disponible. En conséquence, ce capital doit être placé soit en

(1) Laurent, op. et loc. cit.
(2) Voy. en ce sens, Cass. 16 avril 1877, S. 77, 1, 293, D. 78, 1, 165.

H. B. 7

rente 3 0/0 sur l'État avec mention d'incessibilité et d'insaisissabilité, soit être employé pour assurer à ce légataire, par une compagnie d'assurance, le service d'une rente viagère incessible et insaisissable (1).

Mais lorsqu'il est certain que la volonté du testateur a été que les biens légués soient insaisissables, il y a lieu, par une interprétation bien entendue de cette volonté, de donner à la clause toute la portée qu'il est présumable qu'elle a comporté dans sa pensée. C'est par application de cette idée que le tribunal de la Seine a décidé que le testateur qui lègue une rente annuelle et viagère déclarée incessible et insaisissable manifeste de la sorte sa volonté formelle que les arrérages ne soient susceptibles d'aucune variation, ni diminution, pour quelque cause que ce soit. Par suite, lorsque les arrérages se trouvent réduits, par l'effet d'une conversion de la rente, l'héritier est tenu de faire l'achat d'une nouvelle rente pour compenser la réduction opérée (2).

Toujours à propos de l'insaisissabilité, les auteurs posent la question de savoir si les meubles que le législateur autorise à déclarer insaisissables peuvent être déclarés inaliénables par le disposant (C. pr. art. 581 et 582, C. pr. civ.). Ils décident générale-

(1) Rouen, 15 janvier 1885, *Recueils des arrêts de Caen et de Rouen*, t. 49, p. 156.

(2) Tribunal de la Seine, 8 juin 1887, journal *La Loi* du 30 juin 1887.

ment que si la loi a exceptionnellement toléré l'insaisissabilité il n'en résulte pas pour cela qu'elle ait
permis de stipuler l'inaliénabilité. Ce sont là deux
choses distinctes, c'est d'ailleurs ce qui résulte très
nettement du passage suivant dressé par la section
du Tribunal : « ..... on opposait, y est-il dit, que l'article 581 était l'introduction d'un droit nouveau, qu'il
tendait à mettre les biens hors du commerce, que
c'était créer une nouvelle espèce de substitution si
sévèrement proscrite par l'article 896 du Code civil.
La grande majorité de la section a pensé au contraire que les dispositions de l'article 581 n'avaient
rien de contraire au Code civil, que ce n'était pas
mettre les biens hors du commerce, même momen-
tanément puisque la chose quoique insaisissable
n'était pas aliénable (1).

En réalité, la question nous paraît mal posée. Il
n'est pas douteux, nous l'avons déjà constaté bien
des fois, que l'inaliénabilité soit distincte de l'insaisissabilité. Mais il ne résulte nullement de
là, que parce qu'un bien est insaisissable, il ne
puisse être déclaré inaliénable. La seule solution
logique de cette question est pour nous la suivante :
lorsqu'on veut rechercher si un bien peut ou non
être déclaré inaliénable, il n'y a qu'à s'en référer aux

---

(1) Voy. notamment en faveur de cette opinion : Demolombe,
t. 18, no 309.

principes généraux que nous avons posés sur la validité des clauses d'inaliénabilité. Si, à raison des circonstances dans lesquelles elle est intervenue, à raison des caractères qu'elle présente et notamment de
son caractère temporaire, on considère que l'inaliénabilité peut être valablement stipulée, il ne nous semble pas qu'il y ait lieu de se préoccuper, pour déclarer la stipulation valable, si les biens qui vont être
déclarés inaliénables, sont ou non insaisissables. Il y a
là deux ordres d'idées bien distincts, et nous n'aperce-
vons pas pourquoi l'insaisissabilité d'un bien ferait
obstacle à son inaliénabilité. C'est l'opinion en faveur
de laquelle se prononce très explicitement Laurent
dans les termes suivants : « ..... Si la condition d'inaliénabilité est licite lorsqu'elle est temporaire et
qu'elle est stipulée dans l'intérêt du donataire ou du
légataire. On doit admettre comme conséquence du
principe que les choses nécessaires à la vie peuvent
être déclarées inaliénables pendant la vie de celui à
qui elles sont données ou léguées ; quel plus grand
intérêt peut-il y avoir que celui de l'existence ? (1). »

(1) Laurent, t. 11, n° 464.

TITRE II

—

DES CLAUSES D'INALIÉNABILITÉ DANS LES ACTES A TITRE ONÉREUX

―

Nous avons fait remarquer en commençant que les clauses d'inaliénabilité sont aussi rares dans les actes à titre onéreux que fréquentes dans les actes à titre gratuit. Nous avons indiqué les raisons de cette différence et nous n'avons pas à y revenir ici.

En réalité, la prohibition d'aliéner n'est sérieusement apparue jusqu'ici, en pratique, que dans une catégorie toute spéciale d'actes à titre onéreux : nous voulons parler des contrats de mariage. Dans ces contrats, en effet, ce que l'on recherche généralement, c'est mettre l'avoir de la femme à l'abri des dissipations du mari, et la clause d'inaliénabilité répond merveilleusement à ce but, d'où la question que nous allons bientôt rencontrer, de savoir si l'inaliénabilité peut être introduite dans les contrats de mariage en dehors de l'adoption du régime dotal. Nous examinerons également la question de l'inaliénabilité en matière de vente.

CHAPITRE PREMIER

DES CLAUSES D'INALIÉNABILITÉ DANS LA VENTE

—

La cession peut être considérée comme une vente, c'est ce qui résulte implicitement de l'article 1598 du Code civil qui dispose que : « tout ce qui est dans le commerce peut être vendu lorsque des lois particulières n'en ont par prohibé l'aliénation (1). »

C'est la cession seule qui, en matière de vente présente quelques espèces où se sont élevées les questions d'inaliénabilité.

On s'est demandé, en effet, si un droit en lui-même cessible pouvait être déclaré incessible par une convention. Les auteurs et la jurisprudence s'accordent à reconnaître la négative sur cette question. C'est en effet un attribut essentiel de la propriété que le propriétaire puisse disposer de sa chose avec un pouvoir absolu (arg. art. 547 Code civ.) et l'article 1598 ne fait que consacrer une application de ce principe

(1) Voy. Laurent, t. 24, n° 461.

général en décidant que le propriétaire est toujours
libre d'aliéner sa chose, à moins qu'une loi particulière n'en ait prohibé l'aliénation. Hormis donc les
cas d'exception formellement reconnus par la loi, le
principe de la libre disposition reprend toute sa
force. Or, comme aucune loi n'autorise les parties
contractantes à déclarer inaliénable un droit cessible,
ces droits demeurent forcément compris dans la règle.
c'est-à-dire qu'ils peuvent être cédés en dépit de la
clause contraire que les parties avaient insérée dans
l'acte. On ne peut reconnaître le droit de placer hors
du commerce des droits que la loi permet d'aliéner,
c'est ce que la cour d'Orléans a décidé dans une espèce où un frère avait cédé à son frère tous ses
droits sur un domaine, à la charge pour l'acquéreur
de payer toutes les dettes du cédant et de payer en
outre une ·rente viagère stipulée tout ensemble
incessible et insaisissable. Nonobstant cette clause,
le crédit-rentier ayant cédé les arrérages de rente
échus et à échoir, le débiteur de la rente poursuivi
par le cessionnaire opposa la nullité de la cession.
La cour d'Orléans dont l'arrêt a été confirmé par la
Cour de cassation a déclaré, conformément aux pré-
tentions du débiteur, que la cession était nulle
comme portant atteinte au droit de propriété (1).

La même solution a été encore consacrée par la

_____

(1) Voy. Dalloz, Répertoire, v° rente viagère, n° 90, 1.

Cour de cassation dans une espèce relative au paiement d'un milicien dans laquelle il avait été stipulé
que le prix ne pourrait être cédé ni aliéné sous aucun
prétexte, à peine de nullité des conventions qui
interviendraient à ce sujet. Malgré cette clause cependant très explicite, le remplaçant vendit son
droit : cette cession a été, conformément aux principes que nous venons d'exposer, déclarée nulle part
par la Cour de cassation (1). Pour justifier sa décision, la Cour de cassation fait également remarquer
que la libre disposition des biens est une maxime
d'ordre et d'intérêt public que consacrent les articles 547, 1594 et 1598 du Code civil, à laquelle
une disposition formelle de la loi pourrait seule déroger. Toute clause tendant à ce but doit donc être
déclarée nulle comme contraire à l'article 6 du Code
civil qui défend aux particuliers de déroger par leurs
conventions aux lois d'ordre public.

---

(1) Cass. 6 juin 1853, D. 53, 1, 191, Laurent, op. et loc. cit.

CHAPITRE II

DES CLAUSES D'INALIÉNABILITÉ DANS LES RÉGIMES
MATRIMONIAUX AUTRES QUE LE RÉGIME DOTAL

—

Les époux pourraient-ils notamment, en adoptant le régime de communauté, stipuler que les biens de la femme seront inaliénables ?

L'opinion généralement admise, tant en doctrine qu'en jurisprudence, est que la stipulation d'inaliénabilité intervenant dans ces conditions est valable. Nous sommes ici dans une matière spéciale, la matière du contrat de mariage dans laquelle les parties jouissent d'une liberté particulièrement étendue pour régler au mieux de leur intérêt les conditions auxquelles sera soumise leur charte matrimoniale : c'est le principe qui découle très nettement de l'article 1387 et suivants du Code civil. L'article 1387, notamment, reconnaît aux parties l'entière liberté de faire telles conventions qu'il leur plaît, pourvu qu'elles ne soient pas contraires aux bonnes mœurs et aux dispositions prohibitives de la loi. Mais dans

tous les textes du code relatifs au contrat de mariage
il ne s'en trouve pas un seul qui prohibe l'insertion
de la clause d'inaliénabilité dans les contrats de mariage en dehors du régime dotal. D'autre part, on
ne saurait soutenir que dans les principes spéciaux
au contrat de mariage, l'inaliénabilité est contraire
à l'ordre public et aux bonnes mœurs, en dehors du
régime dotal.

L'inaliénabilité, envisagée en effet au point de
vue du contrat de mariage, présente toujours cet
avantage dont le législateur paraît avoir tenu un
très grand compte, qu'elle garantit à la femme la
conservation de son patrimoine. Or, une convention
ne peut être considérée comme contraire à l'ordre
public quand elle a pour objet de sauvegarder les
intérêts matériels de la femme. D'ailleurs, la loi ad-
mettant la validité de la stipulation d'inaliénabilité
dans le régime dotal, il serait illogique de considérer
cette clause comme illicite sous les autres régimes.

« Qu'importe, dit à ce sujet Laurent, le régime
sous lequel les époux se marient ? Ce qui est permis
sous le régime dotal doit l'être sous tous les régimes.
L'inaliénabilité est le caractère distinctif du régime
dotal, mais ce n'est pas un privilège attaché à ce
régime, c'est une exception au droit commun que la
loi autorise dans l'intérêt de la femme ; elle doit
donc l'admettre sous tous les régimes. Les époux
peuvent emprunter leurs conventions aux divers ré-

gimes, ce droit résulte de l'article 1387, et l'article 1581 en donne un exemple qui décide de notre question : il permet de stipuler l'inaliénabilité des biens dotaux sous le régime de la communauté d'acquêts, donc il le permet implicitement dans toute communauté, car il n'y a pas une ombre de raison pour défendre dans la communauté légale ce qui est permis dans la communauté d'acquêts, cette communauté n'étant autre chose que la communauté légale modifiée quant aux biens et aux dettes qui y entrent. »

Toutes ces raisons nous paraissent plus que suffisantes pour décider que la stipulation d'inaliénabilité des biens de la femme sous le régime de la communauté légale est valable (1). On a cependant soutenu l'opinion contraire en invoquant les raisons suivantes : tout d'abord, a-t-on dit, la femme qui se marie sous le régime de la communauté, conservant la capacité d'aliéner ses immeubles avec le consentement du mari, ne peut s'imposer conventionnellement des entraves de nature à supprimer ou diminuer cette capacité. D'autre part, l'indisponibilité

(1) Voy. en faveur de cette opinion : Cass., 24 août 1836, Dalloz, *Rép.*, vº Contrat de mariage, nº 3158 ; 29 juin 1847, D. 47. 1, 295 ; Caen, 11 févr. 1850, D. 52, 2, 109 ; Merlin, *Questions*, vº Remploi, § 7 ; Toullier, t. 12, nº 372 ; Odier, *Du Contrat de mariage*, t. 2, nº 673 ; Rodière et Pont, *Du Contrat de mariage*, t. 1, nºs 85 et 86 ; Aubry et Rau, t. 5, § 504, p. 268, texte et note 7 ; Laurent, t. 21, nº 127.

des biens qui est contraire à l'intérêt général, ne pourrait résulter que du régime dotal auquel la loi l'a spécialement attachée.

Ces arguments ne nous paraissent point décisifs ; même lorsque les parties se soumettent au régime dotal, c'est par un acte de volonté tout spontané et libre qu'elles le font. Les entraves qui en résultent, sont le produit d'une détermination prise par la femme dans son entière liberté, ce qui le prouve bien, c'est qu'il est admis sans conteste que les parties en adoptant le régime dotal peuvent écarter l'inaliénabilité. Si le régime dotal résulte du libre choix de la femme, pourquoi ne pourrait-elle pas transporter à un autre régime les dispositions essentielles de celui-ci. Quant à soutenir que la femme qui, en se mariant sous la communauté, avec stipulation d'inaliénabilité, porte atteinte à sa capacité, il y a encore là une inexactitude qui se réfute par cette objection qu'en réalité l'inaliénabilité consiste non pas dans une incapacité mais dans une mise hors du commerce des biens déclarés inaliénables. On ne peut donc pas dire que la femme commune qui stipule l'inaliénabilité porte atteinte à sa capacité : elle place seulement ses biens dans une situation spéciale qu'elle juge plus favorable pour elle (1).

---

(1) Voyez pour cette opinion : Marcadé sur l'art. 1497, n° 3 ; Troplong, T. 1, n° 379 et suiv.

Si l'on admet, comme nous l'avons fait, la validité d'une clause d'inaliénabilité adjointe au régime de communauté en faveur de la femme, il y aura lieu d'appliquer par analogie la disposition de l'art. 1392 du Code civil aux termes duquel : « la simple stipulation, que la femme se constitue ou qu'il lui est constitué en dot des biens ne suffit pas pour soumettre ces biens au régime dotal, s'il n'y a dans le contrat de mariage une déclaration expresse à cet égard. »

Il résulte de ce texte que la stipulation du régime dotal doit être expresse : nous déciderons donc, par analogie, qu'il doit en être de même de la stipulation d'inaliénabilité adjointe au régime de la communauté. La raison est toujours la même : l'inaliénabilité est contraire à l'intérêt général, c'est une exception au droit commun : à ce double titre, elle ne peut exister qu'en vertu d'une convention formelle.

Que faut-il entendre par déclaration ou stipulation *expresse ?* Le mot « expresse » employé par le législateur dans l'article 1392 du Code civil exclut toute manifestation tacite de la volonté des parties. Si elles veulent bénéficier de l'exception, il faut qu'elles emploient, non pas sans doute des termes sacramentels, mais simplement des termes qui fassent connaître aux tiers d'une façon très claire la condition des biens. Toute clause prétendue d'inaliénabilité dont les termes seraient ambigus, devrait être considérée comme ne contenant pas la déclaration *expresse* qui est indispensable.

C'est la doctrine que soutient avec raison Laurent, qui fait remarquer à ce sujet que dans les pays où le régime dotal était jadis le droit commun, la pratique a une tendance beaucoup trop marquée à se montrer trop facile pour admettre l'inaliénabilité (1). C'est ainsi notamment que la Cour de Caen a admis, que l'on doit considérer comme contenant une stipulation d'inaliénabilité des propres de la femme, le contrat de mariage qui porte « que les immeubles présents et à venir de la future ne pourront pas être aliénés sans un remploi en immeubles par elle accepté, ou bien sans une garantie hypothécaire suffisante pour lui assurer la reprise du prix, garantie que les acquéreurs seront tenus de conserver par l'inscription ».

Après une première cassation suivie d'un arrêt de la Cour de Rennes, consacrant la doctrine de la Cour de Caen, la Cour de cassation, toutes Chambres réunies a condamné définitivement cette doctrine, en faisant remarquer que la clause litigieuse dont il s'agissait ne présentait ni une déclaration expresse de dotalité, comme l'exige la loi (arg. art. 1392 Code civ.), ni une stipulation qui puisse être considérée comme en tenant lieu. Elle ne faisait qu'assurer

(1) Laurent, t. 21, nº 128 et 151.

certaines garanties à la femme pour le cas d'une
vente volontaire, mais il n'en ressortait nullement
que, d'une manière absolue et pour les obligations
qu'elle pourrait contracter personnellement ses biens
immeubles se trouveraient frappés de l'inaliénabilité
dotale. En réalité, dans l'espèce soumise à la Cour
de Caen, il n'y avait qu'une clause de remploi opposable aux tiers et l'on sait que cette clause bien loin
d'entraîner l'inaliénabilité, implique au contraire,
l'aliénabilité des biens qui en font l'objet (1).

Nous n'avons parlé jusqu'ici que de la stipulation
d'inaliénabilité intervenant sous le régime de communauté, au profit de la femme. Il est bien évident
en effet qu'elle ne pourrait intervenir au profit du
mari. Ce serait méconnaître l'idée qui a présidé à
l'organisation de tous nos régimes matrimoniaux et
en vertu de laquelle, lorsqu'il y a lieu de prendre des
mesures de protection, ces mesures le sont toujours
dans l'intérêt de la femme et jamais dans celui du
mari. La stipulation d'inaliénabilité, qui porterait
sur les biens du mari, serait donc, dans tous les cas
frappée de nullité absolue, comme contraire tant à
l'ordre public qu'aux principes fondamentaux du
contrat de mariage. Aussi les auteurs n'envisagent-
ils même pas la question.

(1) Voy. Caen 4 juillet 1842, D. 45, 4, 164 ; Cass. 6 nov. 1854,
D. 54, 1, 439, 8 juin 1858, D. 58, 1, 233.

Ils n'examinent pas davantage, celle de savoir si la clause d'inaliénabilité dont nous venons de reconnaître l'insertion valable dans le contrat de mariage au profit de la femme pourrait aussi être insérée dans un contrat de mariage portant séparation de biens ou exclusion de communauté.

La question ne s'est jamais posée en pratique à notre connaissance, mais il ne nous semble pas qu'il puisse y avoir difficulté sur la solution qu'elle comporte. En effet, les motifs qui nous ont fait admettre la validité de la clause d'inaliénabilité sous le régime de communauté se retrouvent pleinement sous tous les régimes matrimoniaux autres que le régime dotal. Rappelons simplement cet argument que l'inaliénabilité n'est pas spéciale au régime dotal. Elle accompagne ordinairement ce régime, mais de même que les parties peuvent l'en exclure, elles peuvent aussi la transporter à d'autres régimes, car l'idée de protection dont elle s'inspire, est applicable sous tous les régimes. Nous déciderons donc que les parties pourront, quand elles le jugeront à propos, introduire la clause d'inaliénabilité au profit de la femme, et sous le régime d'exclusion de communauté.

CONCLUSION

—

Avec les développements que nous venons de donner sur les clauses d'inaliénabilité introduites dans les régimes matrimoniaux autres que le régime dotal, se termine l'étude que nous avons entreprise des clauses d'inaliénabilité introduites dans les actes en dehors des cas formellement prévus par la la loi.

Il ressort de l'étude de la jurisprudence à laquelle nous nous sommes principalement livrés que cette clause qui apparaît comme très défavorable, quand on l'envisage au point de vue théorique, a été admise dans une très large mesure par les tribunaux dans les hypothèses où elle est de nature à se présenter le plus fréquemment avec un réel intérêt pratique, c'est-à-dire dans la donation, le testament, et les contrats de mariage. Que la jurisprudence ait une tendance très marquée à admettre la validité des clauses d'inaliénabilité dans ces actes juridiques, c'est un fait que l'on saurait contester alors même que l'on ne l'approuve pas. Dès l'instant où la clause d'inaliénabilité n'apparaît pas avec un caractère per-

manent, les tribunaux la valident presque sans exception quelle que soit la personne qui doive en être le
bénéficiaire : le donateur, le gratifié, ou même un
tiers.

Nous avons indiqué que cette jurisprudence n'est
pas sans danger, surtout si l'on songe que la plupart des clauses d'inaliénabilité se trouvent dans des
testaments dont toutes les dispositions échappent à
la transcription, ce qui expose les tiers à se les voir
opposer sans avoir pu en prendre connaissance. C'est
là, à notre avis, un argument de plus et un argument très pratique contre cette jurisprudence que
nous avons souvent combattue et dont il serait très
désirable à notre avis de voir se restreindre la portée
d'application soit au point de vue des intérêts privés,
soit au point de vue de l'intérêt général.

Vu :

Gigny, par Beaune, 19 septembre 1899.

Le Président de la thèse,

M. SALEILLES.

Vu

Le Doyen,

GLASSON.

Vu et permis d'imprimer :

Le Vice-Recteur de l'Académie de Paris.

GRÉARD.

TABLE DES MATIÈRES

TITRE II
DES CLAUSES D'INALIÉNABILITÉ DANS LES ACTES A TITRE ONÉREUX

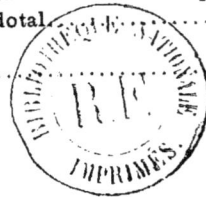

Grande Imprimerie de Blois, 2, rue Haute.
EMMANUEL RIVIÈRE, Ingenieur des Arts et Manufactures. × 6064

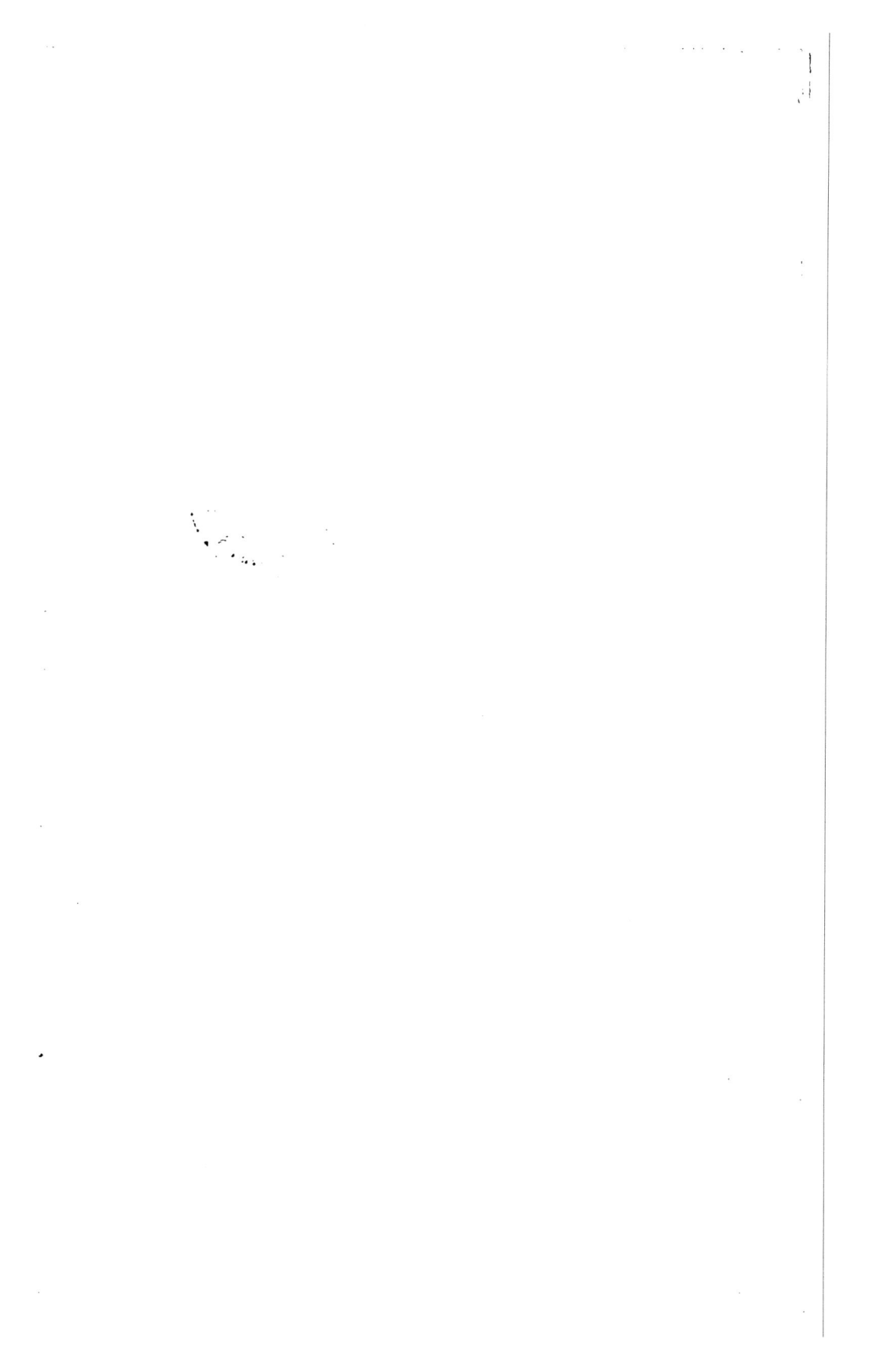

www.ingramcontent.com/pod-product-compliance
Lightning Source LLC
Chambersburg PA
CBHW071200200326
41519CB00018B/5305